民·间·中·国

中国手艺人

（第二版）

他们是手艺人也是守艺人
因为坚守
他们在这个喧嚣的世界
显得格外珍贵

白 英 ◎ 著

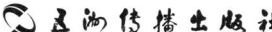 五洲传播出版社

因 为 他 们 ， 喧 嚣 世 界 也 变 得 安 静

目 录

序
一
用匠心记录匠人

　　因为喜欢旅游，想把见闻记录下来，我逐渐爱上了摄影。起初没有什么具体目标，主要是拍摄一些旅途见闻和自然风光。2013年夏天，一次偶然的机会我见识了国家级非物质文化遗产项目平定刻花瓷的制作过程，并结识了刻花瓷手艺传承人张文亮。出于对刻花瓷的喜爱、对制作工艺的好奇，我时常去张文亮先生的手工作坊拍摄和观察，越接触越是深爱刻花瓷黑白分明中的飘飞清韵。对传承这门技艺的张氏父子，我不仅惊叹于他们的精湛技艺，更是对那份历尽艰辛却始终不改的初心有一份敬重。也就是从这时候起，我对中国传统手艺人和手工技艺有了一种全新的认识并开始关注这个领域。开始时是拍摄身边的手艺人，渐渐地，每到一个地方，我都会尽可能地探访当地的手艺人，记录手艺人以及他们的技艺。

　　6年时间里，我用镜头和文字留下一个个真实的手艺人形象，他们当中既有平遥推光漆器传承人薛生金、南通蓝印花布传承人吴元新、平定刻花瓷传承人张文亮等国家级工艺美术大师，也有柳编匠人李世德、乡村铁匠尹俊杰、焰火制作人尹来庭等普通的民间手艺人，还有彝族银饰工匠、荥经砂器人等手工艺从业群体；既有最后的制针人裴向南、即将消失的张萝业手艺人白明印等以一己之力支撑着一门手艺的传统手艺人，也有彩面塑艺人付海云、铜器手艺人王氏兄弟、龙狮道具传人马小增等紧跟时代再创辉煌的创新手艺人，还有玻璃工人郭才军、手工粉条新把式高永军等志在发扬传统文化的年轻手艺人……

中国手工艺，是什么模样？它其实就是一件件篆刻在器物上的华美纹饰，是一个个凝固在寻常生活里的家用物件，是一缕缕融化在舌尖上的独特美味，是一丝丝烙印在心房里的美好寄托……真是至善至美，大美无言。更让人惊奇与感动的，是这些散发着指尖温度的手作背后的手工艺人，他们毕其一生，刻苦磨炼一项技艺；殚其所精，用心完成每一件手工艺品；极其所虑，只为每一个细节的完美呈现；终其一身，只为把每门手艺中所承载的精神熔铸成永恒的信仰。

对手艺人的拍摄与采访其实很辛苦，很多时候都不是一两次拍摄就能完成的。光是为了拍摄刻花瓷完整的制作过程，我就来回奔波了五六次；为了拍摄白明印师傅张萝绞簸箕，连续几天跟着他走村串巷；为了拍好砂锅出炉的场景，无数次起早贪黑坚守在炉火旁，只为呈现暗夜里烈火熊熊的画面；为了拍到碑拓的全部过程，跟随王银海师傅翻山越岭到荒野坟地；为了寻找柳编人，专程在寿阳大东庄村逐户打听，终于寻到了仅存的几位手艺人……

无畏崎岖，专注向前，投入自己热爱的事；为接近极致，不惧枯燥和漫长，倾注所有……在这6年的拍摄中，这些于平凡时光中坚守的手艺人时常能让我惊叹、让我钦佩，也让我深刻地体会到了坚持的魅力。越是深入，越是感受到蕴藏在手工艺中的博大的传统文化、丰富的历史信息，以及朴素的民间智慧、本真的人生哲理。即使世界再喧嚣、社会再躁动，他们却总能在手艺与守艺之间，营造一种岁月静好、匠心独运的美好。

《中国手艺人》就是想要通过真实地记录手工艺人的生活经历、成长过程、精湛技艺以及他们与所处的社会环境的融合等方方面面，展现传统手工艺的魅力，凸显凝结在手工艺人骨子里的匠人精神。而对他们的图文影像记录，不仅是对中国民间传统手艺人的珍贵记录，也是对中国曾经或即将消逝的传统生活方式的记录。

有的手工艺会融入时代创新发展，有的手工艺会改弦易辙重谋出路，也有的手工艺会随着时代的发展而销声匿迹。无论什么情况，每一项手工艺都是我们民族宝贵的文化遗产。正如最后的制针人裴向南谈到他的制针技艺时所说："从生产的角度说，手工制针已经不适应时代的发展，但是作为一项传统手工艺，它还有很强的生命力……粗笨铁杵可以打磨成精细的钢针，这里蕴含着专注、执着以及精益求精、精雕细琢的工匠精神，这种文化和精神是永远值得传承的！"

白英

2019 年 10 月

壹

指 尖 上 的 艺 术

　　平定冠庄村，一座平常的院落，一处青石垒就的老窑，一间原生态的手工作坊，敦实的张文亮就是在这里挑起了平定刻花瓷的传承与发展，雕琢出了一件件线条流畅、图案简约、温润饱满、赏心悦目的刻花瓷精品。

黑白雅韵

陶艺大师

张文亮

———

早在秦代，山西平定的土地上就有了生产陶器的痕迹。平定窑旧有"西窑"之称，始于唐，兴于宋，跨越元、明、清，直到民国炉火依然延续，是山西四大"土贡窑"之一。平定黑釉刻花瓷以其黑亮的釉面、古朴的装饰、精练的造型，为古今中外众多陶瓷爱好者和收藏家所喜爱。

离平定县城不远的冠山镇冠庄村曾是刻花瓷的烧制地，《平定县志》就记载着清乾隆年间冠庄村建瓷窑的历史，至光绪年间瓷窑已发展至十余座，曾为皇家贡品。如今的冠庄村有一座"平定文亮刻花瓷砂器研究所"，这个研究所没有高门大院、敞亮厂房、现代机械，而是一处平常甚至有些古老破旧的院落，院子正中央是一处青石垒就、古朴苍凉的老窑，还有一间原生态的手工作坊，一座座土陶窑、马蹄窑、倒焰窑、梭式窑散落四处。这里就是非物质文化遗产——平定刻花瓷的浴火重生之地，是平定刻花瓷代表性传承人——张文亮的工作间。

文亮已故的父亲张聪老先生是古陶瓷专家水既生先生的学生，他与同事设

/ 平定刻花瓷 /

计制作的黑釉刻花缠枝牡丹纹梅瓶曾荣获中国工艺美术品百花奖创作设计制作一等奖，是当年当之无愧的"平定刻花瓷"掌门人。20 世纪 50 年代，父亲刚到陶瓷厂上班时，刻花瓷已经历经了自金以来的几百年低潮期，几近失传。在中国古陶瓷研究会理事、古陶瓷专家水既生先生的帮助下，当年的平定冠庄瓷厂试点进行手工业陶瓷出口实验，文亮的父亲以其朴实忠厚、好学上进、刻苦钻研的精神赢得了水既生先生的倾囊相授。60 年代，平定刻花瓷参加广交会，大放异彩。

　　小的时候，张文亮经常跟着父亲去陶瓷厂玩，用泥巴捏鸡鸭、捏猫狗。父亲对艺术的热爱潜移默化地影响着文亮，让他对刻花瓷有一份难以割舍的情感。中学毕业那年，正是改革开放后乡镇企业蓬勃发展之际，文亮随父学艺，到陶瓷厂做起了专职的"玩泥人"。由于当时的文亮并没有太多抱负，只是觉得干体力活比较累，画画则相对轻松一些。哪里想到，真正到厂里上班后，却成了一名杂工……跟父亲学配料、跟大爷学烧窑、跟舅父学拉坯、跟东北请来的师傅

／抟泥／

／检查／拉坯／

／刻花／烧窑／

学雕塑，基本上陶瓷制作的各道工序都学了一遍。每天，同事们都下班了，张文亮还独自在厂里的石头轮子上练拉坯。不过，虽然辛苦，文亮还是觉得那是件幸福的事。有时候，他还会跟着父亲去文化馆找书看。有一次，父亲借到了一本《鱼的图案》，文亮喜欢得不行，就把书里面的图案全部抄下来。20 世纪80 年代，工艺美术方面的书籍并没有现在这么丰富，所以，每当在杂志、烟盒、火柴盒上面看到自己喜欢的图案，他都会收集起来。1990 年，中央工艺美术学院的周淑兰教授带学生来厂里实习，看到文亮对传统的陶瓷艺术有潜质和热情，回到北京后，经常寄一些传统陶艺的装饰技巧方面的资料给他。文亮一边看资料，一边练习，遇到不懂的问题，就直接去北京请教周教授。

到 20 世纪 90 年代中期，由于市场需求的下降和企业改制，不少陶瓷企业举步维艰，文亮父子所在的平定冠庄陶瓷厂也停产了，很多人被迫转了行，只有文亮和父亲舍不下这门手艺。

为了挽救老祖先留下来的这份宝贵遗产，1997年，54岁的父亲带着文亮兄弟3人开始创业，"那个时期是最无奈、最无助的。"烧瓷需要大量的钱来买原料、买设备。文亮一家根本拿不出那么多钱，只能做手工"花盆"来维持。

可仅靠辛苦烧出来的花盆是难以维持一家生活的。刚刚娶妻生子的文亮，一家三口挤在一间20多平方米的小屋里，除了一台14英寸的彩电，就是一个个瓷瓶瓦罐，再没有别的像样的东西了。无奈之下，文亮买了台照相机，在外面帮人照相来补贴家用。靠照相积累了一定的资金后，文亮一家人在自家院子里自己垒瓷窑，自己做设备，终于又回到制瓷的轨道上来。

文亮家的小作坊真正有点起色是1998年以后。那时正赶上山西一家醋业公司要做一批醋瓶，他们10天打出样品，一月交了300个。虽然平时会接着做醋瓶、花瓶的活儿，但是文亮一家人从来没有放弃过对刻花瓷的研制。他们一方面做醋瓶、面盆和日用粗瓷，一方面做刻花瓷并研发一些新产品。

"刻花瓷工艺很复杂，大体上分为取土、配料、研磨、淘洗、过滤、注浆、拉坯、修坯、上釉、晒干、装饰。要是细分，每个步骤还包括若干小环节，总共有五十多个工序。"文亮拿着揉好的泥，边拧边说。在平定制作刻花瓷最大的好处是原料可就地取材，因材施艺。经过摔打，泥料就会软硬一致，拧揉后不仅能增加韧性，而且能排出气泡。之后就是拉坯。

拉坯需要巧力，力道的控制十分重要，多一分少一分都不行。拉坯是陶瓷制品成型的第一步，决定着整件作品的成败。"共计一坯之力，过手七十二，方克成器。其中微细节目，尚不能尽也。"明代科学家宋应星在《天工开物》中就曾这样写道。

平定窑刻花瓷采用独特的烧结技术，一般以刀代笔，采用的是"湿作法"，在坯体未干之前就要施釉，当坯体达到七八成干时进行刻花装饰。讲求"刀刀见泥"，一气呵成。坐在灯下，用自制的竹刀专注雕刻的张文亮划花、开线、剔刻、吹扫，刀刀犀利、果断精准，完全不同于平时的敦厚憨实。

张文亮说，设计环节是最难的。"因为吉祥的图案都会运用在刻花瓷上，所以做传统艺术品就要扎根于传统民俗艺术。"文亮在保留传统技艺的基础上，大胆吸收相关陶瓷门类的特色，除黑釉刻花工艺外，棕釉和白釉刻花也有涉及。同时对仿宋剪纸漏花、木叶陶艺、开片艺术釉、绞胎瓷等工艺及抽象动物装饰、彩云窑变艺术釉、龙山文化黑陶制造工艺等都进行了大胆的尝试。

近些年，随着社会经济的发展、百姓生活的富足，陶瓷这一中国人几千年来形影不离的器具又重新焕发生机，尤其是瓷器精品得到众多陶瓷爱好者的追捧，国家也加大了对非物质文化遗产的保护力度，文亮父子苦心经营的刻花瓷成为国家级非物质文化遗产，成为山西民间艺术的一个符号。2010 年，刻花瓷更是被选为"上海世博会非遗展演项目"，张文亮则被评为"中国陶瓷艺术大师"。

"文不灭质，亮不炫目。"文亮的名字似乎包含了他的人生理念，他早已把做陶瓷当成了生活的一部分，把培养传承人当成了义不容辞的责任和义务。不同于老一辈的思想，文亮有着更加开放的想法，他收的徒弟来自全国各地，儿子也子承父业。如今的张文亮成立了自己的刻花瓷公司，注册了自己的商标，和父亲一起创作的作品还曾入选"和谐中华——中华文化名家艺术成就"系列邮票，自己建的刻花瓷砂器研究所还成为首批山西省非物质文化遗产生产性保护示范基地。"灵心酿精物，妙手成万端。"对于刻花瓷的未来，张文亮充满期待。

/ 白釉梅瓶 / 黑釉梅瓶 /

　　节日的"彝族银饰之乡"布拖县城,处处可见盛装的彝族男女,特别是彝家姑娘从头到脚、琳琅满目、熠熠生辉的银饰,动则摇曳,静亦生辉,妩媚无比,姿态万千。代代传承在彝族工匠之手的"彝族银饰"制作技艺,工艺独特、历史悠久。

传世银缘

工匠 彝族银饰

在神秘的大凉山深处，生活着一个古老的民族——彝族，彝家人一生都和银有着难以割舍的关系，他们把银饰视为洁白可爱、纯净无瑕、质地坚韧的象征。彝族人对银饰的钟爱"是沿着血液，从祖先那里传承而来的"。每当新生儿降临，父母就会为他戴上镶有银饰的童帽，长辈们还会送来银质的长命锁、手镯、耳环；及至孩子长大，银做的耳环、头饰、衣饰、领饰更是人人必备；待到出嫁或节庆大典，姑娘还会全身披挂繁复的银质胸饰和背饰。彝族首饰中的图腾崇拜记载着彝族人生产生活中美好的片段，是彝族悠久的历史见证。

在布拖城县，有著名的银器一条街，两旁布满银饰店铺，锤子击打铜錾子发出的"叮叮当当"声不绝于耳。银饰工匠们就在这里日复一日地用自己的双手把时光、岁月打制进件件银器中。

勒古土鬼是一位年近六旬的老银匠，在银器街上算是老资格了。他的店铺临街，进门就是一面展示银饰样品的红绒布墙，琳琅满目的饰品让人眼花缭乱，有打造精巧的缀泡头饰，有不同纹样镶嵌而成的镂花领饰，有雕刻别致的戒指、手镯、耳链、衣扣等。银饰上的纹样有日月星辰、花鸟草鱼、山川草木、羊角、鸡心等，点线相应，动中有静，疏密有致，浓淡相宜。

勒古土鬼从事银饰制作已经 40 多年了。在布拖，银饰技艺传承于勒古、且沙、黑日等几大家族中，勒古家族传到他这一代已是第十六代了，光现在就有 120 余名男性在从事这个行当。学艺之路颇为艰辛。这门手艺的学习全靠师傅口传心授，当一名学徒得从如何烧银锭学起，在整个学艺过程中不会出现手把手教的场面，徒弟全靠心领神会。特别是 20 世纪六七十年代，学艺甚至还得偷偷摸摸，只能夜间在昏暗的火塘旁进行，有时则需要躲到山里的溶洞去打制。勒古土鬼常说："小时候不懂事，一开始对家族传承的这门手艺没有太大兴趣，但是长大后慢慢体会到家族的责任和重要性，老祖宗的手艺不能丢！"现在，因为活计多，他们这条街的银匠的月收入能达 2 万 ~ 3 万元，日子过得很富裕。

在勒古土鬼的隔壁经营银饰铺的，是勒古家族的晚辈叫勒古子鬼，一位正值中年的彝族汉子。在不到 20 平方米的小屋里，打造银器用的工具一应俱全，有火炉、风箱、铁锤、拉丝眼板、油灯吹管、铅坯模具、松脂板等。子鬼介绍说，银饰工艺的工具虽然没有数过，但至少也有 200 余种，熔、铸、锤、拉、敲、剪、焊、洗、宰、挖、挫、拧、雕、刻等工艺都需要不同的工具。即使是做一个银纽扣，也需要一熔二打（成银片）三铸四上（模）五雕六焊七做（脚子）等工序。

看子鬼制作银饰，能了解到彝族银饰手工制作过程的做工讲究和技艺精湛。每件银器的成形都要经过铸炼、吹烧、锻打、焊接、编结、洗涤、雕镂、镶嵌、吊缀等 20 余道工序。每道工序的掌握都需要经过上百次上千次的实践和感悟，方能得心应手。拿银丝制作来说，就很考验匠人的功力，需要用一个特制的丝眼板，板上有粗、细、方、圆不同的眼孔，粗银丝由粗孔至细孔逐一穿过拉丝板，直至得到所需。子鬼可以拉出 4 毫米直径的粗丝，也可以拉出电光丝般的细丝。这些银丝用来加工成小银圈，多用于连接制作好的银片及耳环等小饰物。

/ 盛装的彝族女子 / 彝族男子的银饰 / 彝族银饰 /

/ 焊接 / 组装 / 银匠勒古子鬼 /

/ 编结 / 拉丝盘 /

在银器一条街上还有一位叫黑日的年轻银匠。不同于老匠人们，他在外面上过学、闯荡过，制作的银饰，工艺上有别于老辈人。传统银饰图案善用阴刻工艺，而他从小就被训练从左往右读书、写字，在思维上更习惯从正面操作的阳刻，而且觉得阳刻直接、鲜明、简单，且表现力更强。在设计图案时，他的作品中除了现有的龙凤、羊角等彝族图腾样式外，还特意设计了"飞蝶恋花"等主题的雕刻样式。

对于银饰技艺的创新，黑日有自己的思考。以前的工匠识字的很少，只能按老一辈的做法一代代传下去，虽然他们也会对银饰有不同的见解和不同的工艺处理方式，但是大多时候都是靠灵感的突然涌现或者无意的偶尔为之。"现在我可以上网查资料、看书，学习新东西，这对我们彝族银饰的发展有很大帮助。"不同于祖辈，黑日更多的是自觉、主动地在银饰创作中寻找自我价值的实现，并将自己对美的看法、对生活的理解融入作品中。在黑日看来，银饰技艺不能丢掉"纯手工打造"，但可以在工艺改进、产品开发、美术样式扩展等方面进行挖掘。他正在试验改良制作工艺：尝试各种熔融原料，以求找到一种比炭火更好的替代品；在雕刻为主的工艺里面加入镶嵌手法，用彩石、珠子点缀，使银饰看起来更灵动。黑日说，人们的审美观念是随着时代进步而变化的，在传承中创新成为必然，必须设计出新的样式、新的图案、新的组合，才能让这项技艺更好地传承。

黑日认为："我们在银器上锤打的，是祖先创造的万千世界。对我们来说，打十次也好，打百次也好，每锤敲一次，都有着发自内心的快感。"布拖的几代银饰人选择默默坐在手工作坊里，在时间的磨洗中，在岁月的雕刻下，用手的温度凝结银的品质，用心的灵巧融合民族的历史。他们享受着锤敲银锭的金属碰撞声，在他们眼里，枯燥单调、千篇一律的雕琢，以及一切的一切都是金不换的体验，弥足珍贵。聆听自己千锤万锻的声音，如是修行，如是生活。

　　窑顶有顶花，炕上有围花，门上有门花，帘上有帘花，枕上布堆花，神龛虔诚花，这是陕北黄河边上的佳县农家小院常见的情景。佳县的女人们，上至八十高龄的老婆婆，下至五六岁的顽童，都能拿起剪刀剪出精美图案。从小生长在佳县的农家妇女屈永霞，就是在这黄土高坡浓浓的黄土气息熏染下成长起来的一位满身乡土味的剪纸能手。

满天红霞

剪纸能手
屈永霞

　　地处陕北黄土地上的古城佳县，地理位置很奇特，整个县城建在高耸的山顶上，山下就是深深的秦晋大峡谷，奔腾的黄河日夜穿行其中。剪纸在佳县很普及，每遇结婚嫁娶、生辰祝寿、暖窑乔迁，或是逢年过节，几乎家家户户都要在门窗上或居室内贴上五颜六色、多姿多彩的剪纸图案。人们把对大自然的热爱，对美好生活的憧憬，通过灵巧的双手融入一幅幅剪纸作品中。

　　佳县的屈永霞家就在黄河边上的山崖之上，站在院中，吕梁山脉、万里黄河尽收眼底。20世纪60年代出生的屈永霞是一个普通的陕北农家妇女，黑黑瘦瘦，衣着朴素，脸上露出真诚朴实的笑容。刚盖好的房子里，虽然没有全部装修完，但地上铺着的、墙上贴着的、炕上摆着的一幅幅红火火的剪纸作品将这简陋的房屋衬托得生机勃勃、红红火火。

　　屈永霞出生在一个普通的农民家庭，受奶奶的影响，自幼酷爱剪纸。她有兄妹5人，是家里的老大，因为穷，小学只念了几年就辍学在家带弟妹。苦难

／剪纸之美／

的生活没有磨灭屈永霞对剪纸的喜爱和向往，劳作之余，她不辞辛苦地上山采草药、抓蝎子换取零钱买来红纸和剪刀，常常剪一些鱼、鸟、花、虫到处张贴，一些传统图案早已烂熟于心。1999 年，佳县妇联组织了一个为期半个月的剪纸培训班，屈永霞在得到消息的第一时间就报了名。可是，当时她的父亲患病，需要住院。于是，屈永霞每天早上 5 点钟起床，煎药做饭送去医院后，再赶 8 点去上剪纸课。那时，她 1 岁多的小儿子还没断奶，培训的时候儿子就抱在怀里，同去学习的人都笑她蓬头垢面，还拖个孩子。半个月的学习结束后，让人没想到的是，基础最差，拖累最重的屈永霞夺得了作品汇报展示的第一名。一把剪刀、一张红纸，是屈永霞平淡生活中最大的乐趣。只要有空闲时间，屈永霞就会拿起剪刀，通过灵巧的双手把自己的生活、感悟、梦想用大红的剪纸图案表达出来。在屈永霞的剪刀下呈现出来的鲤鱼跳龙门、喜鹊登梅、碗扣金蛤蟆、狮子滚绣球……一幅幅作品出神入化，炉火纯青，处处透着一种纯朴、明快、幽默、活泼的独特风格。

在屈永霞的作品中常常出现枣树，《农家乐》《佳县红枣佳天下》《树，你

／浪漫情缘／

／陕北农家／陕北婚礼／

真牛》等几幅作品中，画面的主体图案都是一棵茂盛的枣树下的农村生活的场景。在《农家乐》里，枣树下窑洞前，鸡鸣牛叫，孩子们在快乐地打秋千，跳大绳，有个调皮的小孩子竟然爬到树上；大人们辛勤地扛着农具下地，在地里锄草；老人们悠闲地在树下唠嗑、乘凉，还有个腿有残疾的老爷爷也赶来凑热闹，一幅人欢畜勤、树繁花盛的农家和谐情景。

"这都是我心里想的，就用剪纸说出来。"提起这些作品的创作历程，屈永霞感慨万千。佳县是黄河滩枣的产区，自古人们就以种枣为生。屈永霞说，小时候，家里的枣丰收了，父亲去卖枣，出门时还答应给她买个芝麻烧饼。为此，屈永霞在家殷切地盼望了一天，结果父亲却因枣卖不出去，没钱买烧饼，只能空手而回。可是现在，母亲的大枣一年能挣3万多元。亲身经历了时代发展，让屈永霞感触很深。

然而，这种以叙事的方式表达内心情感的精美剪纸作品，其创作过程却很艰难。从构思到成型，往往需要一年或更长的时间。有时候，还在地里干活，忽然灵感闪现，想到一个人物形象，屈永霞就会连忙停下，掏出随身带着的红纸画下来。为了把枣树剪好，她一有时间就出去找各种造型独特的枣树。当看到佳县那棵被称为"枣树之王"的千年枣树枝繁叶茂、果实累累，树下百姓祥和幸福时，屈永霞想，这不正是黄河边上的独特风情吗？就这样，屈永霞根植深厚的黄土地，用对生活细致入微的观察，对剪纸技艺精益求精的追求，苦练出了一把陕北民间神剪，形成自己独特的艺术风格，勾画了一幅幅具有浓郁民间特色、深厚生活气息，又有时代感的瑰丽画卷。

功夫不负有心人，就是这样一位朴实的陕北农妇，凭借着一双巧手、一把剪刀，多次荣获"剪纸能手""民间剪纸"奖项，有10册剪纸作品甚至被日本民间艺术文化株式会社收藏，受到民间艺术市场的喜爱和青睐。

"剪纸是我的血液。没有我心爱的剪纸，也可能就没有今天的我。剪纸对我来说，好比我的孩子，我是从心眼里爱着它。"

　　砖雕是一门古老的手工艺，是手工的技术，当然要用手、用力、用技；是手工的艺术，则更要用智、用情、用心。因此，每一幅砖雕作品，都有手的温度、力的印痕、技的精妙，更有人的智慧、情的化育、心的灵性。在晋商故里腹地的太原清徐徐沟镇新庄村的"晋韵砖雕"传习所里，砖雕工匠李锁文师傅悉心研磨着这门古老的手工艺，延续着这古老的建筑装饰艺术。

晋韵悠悠

砖雕工匠　李锁文

"无雕不成屋，有刻斯为贵。"漫步三晋大地，无论是豪华的晋商大院，还是古雅的民间古宅，随处可见精美的砖雕。一处处古建犹如凝固的音乐，而砖雕则是这音乐中最美妙动人的旋律和乐章。

砖雕在中国有上千年历史，特别是山西，因土质好烧出的砖经久耐用，自然而然也就孕育出了精湛砖雕手工艺。明后期至清中期的两百余年间，随着晋商的崛起，兴起讲究建房规模和雕刻装饰之风，使得原来只用在宫廷、庙宇等建筑之上的砖雕进入民居，那些雕刻着人物神祇、祥禽瑞兽、花草山水、器物、锦纹鹤字符等，代表着人们美好心愿的砖雕装点着山西的民居，也装点着百姓的生活和梦想，成为山西民间最为花样繁多的装饰艺术。乔家大院、王家大院、常家大院等一大批晋商大院，就装饰着大量卓尔不群、璀璨夺目的砖雕艺术精品。这些大院的照壁、屋檐、门楼，甚至是每一片瓦当都雕刻着不同的图案，寓意着不同的祝福。而山西砖雕最有名的就是清徐砖雕了。清徐砖雕延续了"秦

/ 清徐砖雕 /

砖汉瓦"的精工细作，从原料的选取到全部工序完成，要经过十几道工序、30
多个环节，常能历经数百年风吹日晒而保持完好。

只是现在已经很少有人会在自家房屋上使用这些精美的砖雕了，取而代之
的都是瓷砖贴面、水泥盖顶，费工费时又费钱的砖雕早已远离百姓生活，只在
一些古宅、古庙还能窥见一斑，砖雕技艺几乎消失。

近年，清徐企业家韩永胜先生投入巨资创建了一家砖雕传习所，与新、老
艺人们一起，开始对砖雕技艺进行保护与传承。砖雕艺人李锁文师傅就被重金
聘到晋韵砖雕传习所，重展技艺，授徒传习。

砖雕传习所的工作间内，几面宽大的墙壁上全都是砖雕作品，青灰色的砖
石透着几分古朴，精致细腻的刀工让人赞叹。今年 47 岁的李锁文师傅从事砖
雕已有三十多年。

"那时候就觉得好奇，以为很容易。"看到老艺人们雕龙刻凤，少年时的李
师傅回家就动手。"什么事都要尝试后才知道其中的酸甜苦辣。"一开始，砖太
硬雕不动，他就先在泥巴上雕，没有工具，木片充当刻刀。怎么样才能雕得像呢？

/ 雕琢 / 扫尘 / 揣摩 /

/ 指拨 / 设计画稿 /

／丰收乐／大同得胜堡门庭状的砖雕／

李师傅说："那时农村的老式大门都有砖雕，我就把它们当老师，一遍遍模仿，没几天手就结起厚厚的一层老茧。"平时外出只要见到砖雕，李师傅都要仔细研究研究，特别是有特色的老砖雕，从纹理到神态，精心揣摩，再记下来，回来之后潜心研究。怎么刻，刻多深、铲、挖、雕、挑各种手法怎么用、何时用，这门手艺的好坏全在手里的刻刀上，要做到心中有数，还要掌握下刀力度，没有多年积累是做不到的。

制作一组两幅图组成的大型砖雕门神作品，从打磨砖到基本完工，纯手工制作需要花费近两个月时间，李师傅光刻刀就得用秃了十几把。刻画出来的山西传统门神图案秦琼和尉迟恭，手执兵器，腰带鞭练，全装怒发，威风凛凛，脸上那份威严的神情通过几笔简洁的线条表现得栩栩如生。身上的盔甲更是片片清晰，明暗有序。秦琼美髯飘飘，尉迟恭怒目圆睁，两个人物各有特色，形象鲜明。

"在砖块上雕刻和在木质上雕刻，技法基本相同，但各类雕艺技法中数砖雕最难。"经验丰富的李师傅虽然早已能够灵活运用阴刻、阳刻、高浮雕、浅浮雕、圆雕、透雕等技艺，但依然不敢大意，因为砖质坚脆易爆裂，一刀下去，落手无悔，所以腕力指功要拿捏得十分准确，否则一件精致的作品即使完成在即，也有可能因为最后一刀失手而功亏一篑，前功尽弃。

近几年，因为国家对古建筑保护力度的加大，用于古建修复的砖雕需求量加增，再加上砖雕开始向艺术品市场转变，砖雕技艺又开始迎来自己的春天。晋韵砖雕传习所的创始人韩永胜先生已准备在传习园的基础上，筹建砖雕博物馆。李锁文师傅很高兴自己的技艺有了用武之地，也很欣慰终于有志立于从事砖雕艺术的年轻人跟随他学艺，能让自己将这门手艺传承下去。

一抔泥土，就这样经过砖雕工匠李锁文们的手，在烈火的炙热里、铁锤的祝福下、凿子的开凿中，在砖石上打造出祝福、心愿、美好、期盼，镶嵌在宅院的厅堂里、晋商的大门中、乡间的戏台间、山野的墙头上，跌宕从容，沧桑千年。

旧时，山西姑娘出嫁的时候，如果娘家能陪送一套描金漆器家具，那是件倍儿长脸的事儿。在商贾巨富、达官显贵的家中，描金堆彩、繁缛奢华的漆器家具更是家中不可或缺的配置。

掌底流韵

漆器泰斗

薛生金

　　走进平遥古城，浓重的青灰色迎面扑来，城墙、街道、民居、商号、店铺、庙宇……全都保留着明清时期古城原有的格局和风貌。老街上，几家大大小小的漆器店内，各式各样的漆器泛着亮光，让人眼花缭乱。这些闻名于世的平遥推光漆器，都是工匠们用手掌反复推磨而成的。"平遥古城三件宝，漆器牛肉长山药。"平遥漆器作为晋制家具的杰出代表，已流传千年。

　　平遥漆器早在春秋战国时期就初具雏形，唐代时达到鼎盛，明清时随着晋商文明的蓬勃崛起闻名三晋，远销蒙古、俄罗斯乃至东南亚一带。推光漆器采用精炼天然大漆髹饰器具，尤以手掌推光和描金彩绘技艺著称于世。经过推光漆髹的饰品古朴雅致、细腻滑润、经久耐用。清朝以前，推光漆器为素底描金，清初开始以金漆器为主，中期创出了增厚漆层、推出光泽新工艺。自此，平遥推光漆器形成以磨推漆面与描金彩画相结合的独特工艺风格。

　　在距平遥古城3公里的娃留村，有一处普通的宅院，从外表看，和当地的

/ 薛老师创作漆画 /

农家院落别无二致，然而，走进院内，屏风、糖果盒、首饰匣摆满了一屋子，大朵大朵的牡丹、荷花、百合在盒面上兀自滟滟地绽放，神话传说中的故事在屏风上静静地演绎；镶嵌在漆面上的河蚌壳、螺钿、蛋壳散发出温润的光芒。这里正是国家级非物质文化遗产项目平遥推光漆器传承人薛生金老先生的工作室。

薛老先生正在制作的牌匾《玉宇琼楼》已初现规模，画面上，云雾缥缈，曲径通幽，烟树葱茏，楼阁耸立，绰约仙子置身其间，或闲庭信步，或对海吟诗。薛老师一手执调色板和靠尺，轻轻将靠尺贴在作品的面板上，另一只手握一支小号画笔，靠在靠尺上仔细地给作品的树丛点红，一笔一画，超然忘我。

薛老先生虽年已八旬，但精气俱佳，几十年与漆器结缘的他，早已把手艺和人生凝结在一起。新中国成立前，薛老先生的父亲在平遥经营着"源泰昌"漆器店。1937 年日本人来了，漆器店被迫关门，父亲领着一家老小回到娃留村租种了几亩地，勉强糊口。父亲回来时带回些大漆，偶尔接点活补贴家用。薛

/ 推光 / 撒粉 /

/ 贴金 / 上彩 /

生金耳濡目染，潜移默化地爱上了推光漆器这门手艺。1958 年，县里为了给国家创汇及传承平遥推光漆器这项手工艺，成立了平遥推光漆器厂。薛生金被招进厂中，拜漆器大师乔泉玉为师学习推光漆器的制作。

平遥推光漆器素以工艺形式丰富、工序繁琐复杂著称。传统的工艺就有描金彩绘、雕刻镶嵌、堆鼓罩漆、刻灰雕填等，而每一项工艺又包括木胎、刮灰、漆工、画工和镶嵌等五道大的工序。其中最费事的工序要数刮灰，一件成品就需要刮五到六次灰，而且每次都必须等到刮上去的灰完全干透，才能进行下一次。在木胎上刮灰后，漆工还要经过刷漆、绘图、阴干、磨推，多至八九道程序，然后手掌蘸取麻油反复推擦，直到手感光滑。让漆面生辉的推光环节，全凭艺人的眼力和感觉，还要有十分的耐心和细心。最后一步是美术画工、镶嵌等技艺，手艺人要凭着所掌握的绘画技巧，描金绘彩、刀刻雕垫，在漆面上勾画出花鸟、山水、人物等各具特色的图案。至此，一件作品才算完成。由于薛生金勤奋好学，又有画布景练就的基本功，很快成为平遥推光漆器厂的技术骨干。

那时漆器厂职工达 400 多人，推光漆器工艺还曾推广到太原、运城、榆次、代县等地。只是，随着经济的发展、人们生活方式的改变，传统的推光漆器慢慢退出百姓的生活，大多数漆器厂相继倒闭，迫于生活的压力，很多人都转行了，但薛生金却在坚守着。即使是在最艰难的时候，他也没想过放弃。对他来说，这不仅是一份工作，更是一份责任，将古老的推光漆器工艺传承下来的责任。

也就是在这段时间里，薛生金在精心研究古代漆器作品的基础上，经过反复的试验和研究，成功恢复了堆鼓罩漆工艺，使这项始于明代、已失传百年的漆器工艺重焕新姿。之后，他又将平遥推光漆器的髹饰技艺由过去的 3 种增加到了 20 多种。

有人说："这种对于匠心的坚守，是对古老中国的传承，也是我们原本就温柔敦厚的底子。"正是这份坚守，让我们的传统手艺在历经磨难后，仍然能重现光彩。

/ 双猫戏春 /

　　如今，我们开始回过头来寻找中华文化的源头，开始探寻古老中国的文化传承，传统手工艺逐渐迎来新的生机。只是，面对如今的推光漆器市场，薛老又有自己的担心：现在推光漆器有盲目扩张的趋势，有的小作坊为了追求效益而放弃了传统工艺要求的精雕细刻，用现代化工漆代替天然大漆，用丝网露印代替手工绘画，用机器抛光代替手工推光，怎么简单怎么做，结果质量不过关，影响了平遥漆器的正常发展。而薛老始终坚持走精品的路子，坚持使用老辈传下来的方法，使用天然大漆、手工抛光等传统的老工艺进行创作，上色也坚持采用矿物颜料，坚决杜绝用化工原料。

　　做了一辈子漆器的薛生金退休后建起了自己的工作室，坚持用传统工艺制作精致的推光漆器。此外，他更是倾心相授，培养了各类漆画人才100多名，其中不乏国家级工艺美术大师、省级工艺美术大师。

　　薛老希望，在有生之年，还能收集整理平遥推光漆器制作技艺资料，建立平遥推光漆器档案，成立中国漆器艺术馆，举办推光漆艺培训班，以确保这一珍贵技艺的传承和发展。

　　"锦柏葱茁出，香琼暗海来。鬼工输大巧，神力逞奇才。"一块普普通通、没有生命的木料是如何变身成别致新颖、鬼斧神工的艺术品的？榆社乡间就有一位这样专注木雕的能工巧匠，他就是梁氏雕刻技艺的第九代传人梁俊维。

刀笔生花

梁俊维

木雕俊杰

在山西腹地的太行山深处，自古就流传着古老的木雕技艺。特别是在晋商发达的明清时代，大到亭台楼阁村宅民居，小到家具摆设日常用品，处处可见精雕细镂的木雕工艺品。木雕艺术内容丰富、巧夺天工，令世人瞩目。

梁俊维就出生在太行山下的榆社县郝北村一个普通的农民之家。不过，他的祖上从清朝乾隆年间就开始从事木雕行业，到他这一代已有300多年的历史。1949年出生的梁俊维正赶上木雕市场的剧烈萎缩，木雕技艺日渐衰落，再加上时代形势所迫，已经没有办法像祖辈一样细致系统地学习木雕技艺了。然而，梁俊维的血管里流着木雕的血液，他经常利用空闲时间，用树根雕刻身边各种各样的小动物。他雕出的小作品往往生动逼真，受到乡邻们的赞赏。

20世纪80年代，梁俊维寻思着能不能以自己的祖传技艺木雕进行创业。他精心雕刻了一件雄鹰展翅的作品，拿到县城赶集的集市上，可是观赏的人络绎不绝，买的人却没有。不甘心的他又在周末来到太原南宫古玩收藏品市场。

/ 老太行木雕工作室 /

刚一亮相，这件雄鹰展翅就被人以 600 元买走了，这在当年可是大价钱。从此，梁俊维周一到周五在家里创作，周六、周日拿着作品坐车去太原市场上寻找买家。渐渐地，梁氏太行木雕被越来越多的人所熟知。后来，山西有名的乡土作家赵树理的儿子赵二虎专程找到梁俊维，请他为父亲的纪念馆制作一件《小二黑结婚》的作品。这件情景化作品的成功制作不仅让梁俊维声名大振，也让他不再满足于对动物的"临摹"与"复制"了。他开始从自己的家乡，那片养育了自己的太行山水中汲取养分，寻找创作的灵感，并把木雕当成事业来经营。

　　梁俊维给自己的工作室取名为老太行木雕工作室，设在自家的小院里，不大的工作台上摆满了形形色色、样式各异的刻刀、圆铲、锯子、三角尺等 40多样雕刻工具。正在创作的一件叫《盲人夜书》的作品已近尾声，作品的场景是农家院里，一位盲人端坐在椅子当中，正在拉着胡弦说书，听书之人各不相同，有挂着拐杖的大娘、抱着孩子的大婶、背着娃娃的姑娘、裹着羊肚肚手巾的大爷、笑得合不拢嘴的大叔……11 个人物，活灵活现，特别是说书的盲人的眼睛被刻

/ 破料 /

/ 构思 /

/ 磨砺 /

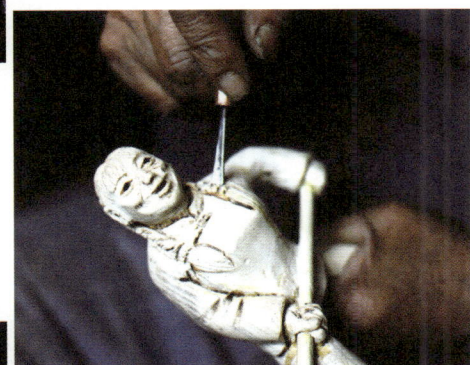

/ 细雕 /

/ 传承 /

/ 盲人夜书 /

成一条线，就犹如盲者闭眼一般，动作神态惟妙惟肖。

说起木雕作品的诞生过程，梁俊维一反平时的少言寡语，变得滔滔不绝：一件木雕作品的成形，要经过构思、选料、出坯、修细、打磨、上光、组装7道工序，而最难的就是作品的创意。《盲人夜书》这件作品的意境就是梁俊维亲身经历的生活场景。"盲人说书现在几乎没有了。这个拉胡弦说书的盲人，我小时候见过他，还听过他说的书。"以前的农家院子里经常有这样的场景，街坊四邻晚上闲来无事便聚在一起听闲书。梁俊维就是将当时的场景通过木雕"复原"出来。

构思成熟后，开始选料，这要根据图案的大小来找无裂缝、光滑平整的木料，下好料后将图案描绘上去，再进行雕刻。梁俊维的双手骨节分明、长满老茧，一处处伤痕依稀可见。用于雕刻的刻刀和工具都比较锋利，稍不留意就会划伤手指，梁俊维的手掌和手指受过的伤已经无法计数。"有时候这边手在流血，那边眼睛还盯着木头，脑子里还在想接下来该咋刻。"

"人物的眼睛最难刻，一刀刻不好，整个作品就毁了。"对于雕刻的细节，梁俊维从来不敢马虎。为了一气呵成刻好一个人物，通常一坐就要几小时，只要这件作品没有做完，他心里就放不下。

对梁俊维来说，那些"日出而作，日落而息""春种夏忙、秋收冬藏"的太行生活场景，是他心中永远的眷恋。他一直希望能用自己的双手将这些他最熟悉的，也是他记忆中最纯美的画面雕成组件作品。如今《农家十二月》即将完工，这组作品中他用12组样式各异、形态不同的人物和场景表现农家在12个月里的风俗人情，可谓是太行农家的一副木质的《清明上河图》，处处透出浓浓的乡土气息。

用自己的双手，重塑回忆。所谓匠心，就是确立自己的目标。一直做下去，到生命的最后一刻。梁俊维就是这样一个执着专注的民间木雕大师，用自己的"刀笔"雕刻着平凡的人生。

　　一团面能做什么？在普通的家庭主妇手里，也许是各式各样的食物，但到了彩面塑艺人付海云的手里，一把小小的塑刀、一团多彩的面团，捏拿之间，形态各异的民间人物、造型逼真的戏曲故事、惟妙惟肖的花鸟虫鱼、憨态可掬的十二生肖……便在手中呈现出来。

指尖流云

——

彩面塑艺人

付海云

面塑也被称为"面人""花馍"。一直以来，五彩缤纷的面塑在山西民间的婚丧嫁娶、岁时节令、祭神祀祖、寿辰满月中扮演着很重要的角色。春节要蒸大馒、枣花、元宝人、元宝篮；正月十五做面盏，做送小孩的面羊、面狗、面鸡、面猪等；清明节捏面为燕；七巧做巧花；四月，出嫁女儿给娘家送"面鱼"，象征丰收；女儿出嫁，要做"老虎头馄饨"做嫁妆；寒食节做"蛇盘盏"上坟，以示消灾；做春燕，表示春回大地；婴儿满月做"囫囵"，代表龙凤呈祥、猛虎驱邪；给老人祝寿做"大寿桃"……

彩面塑艺人付海云出生在阳泉市平定县农村，自幼跟随奶奶、妈妈学捏面花，对面塑情有独钟。过去农村的伙食差，在家帮妈妈、奶奶做饭的海云便在蒸干粮时巧手将面做成鱼、羊、蛇等动物，每到开饭时，总有惊喜等着大家。虽然生活困难，但一家人总是吃得开开心心。

然而，对于当时的付海云来说，面塑还只是一个业余爱好。后来，付海云

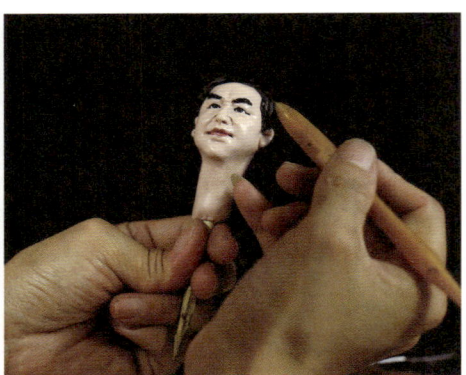

/ 雕琢 / 塑形 /

/ 付海云彩面塑 /

下岗在家，整日无所事事。直到有一天，她拿着自己捏的一个小面人在街上走，竟然有人非要用 10 元钱将其买走。这让海云信心倍增，于是她与丈夫合计，不如依着兴趣，在面塑方面做一番事业。

想到传统的面塑制作工艺粗糙、颜色不够艳丽、不易保存，付海云与丈夫一起研究，多次实验，改进了面塑材料，在不同的面粉里按比例加入白糖、甘油、防腐剂等材料，和好后上锅蒸熟，再加入广告色揉成不同颜色的面团。这种新制彩色面团捏出的作品不干、不碎、不裂、易于长久保存，一改过去面塑被视为一种小玩意儿，难登大雅之堂的印象。在制作第一个作品时，因为没有经验，付海云对配色配料掌握不准，面塑的颜色不对，几天的心血付之东流。经过反反复复多次尝试后，新品最终成型，她和丈夫开心得像孩子一样。

"我们要保留我们最珍贵的、最引以为傲的。一辈子总是还得让一些善意执念推着往前，我们因此能愿意去听从内心的安排。"对面塑的喜爱和执着，让付海云找到了新的动力。渐渐地，付海云不满足于简单的传统面塑，她想进一步提升作品的意境。关公的故里在山西。关公不仅忠义双全、智勇兼具、勇猛善战，且好读《左氏春秋》，被尊为"武圣"。以关公为原型，创作一幅神形兼备的关公像，必然会达到立意上的深远和创作上的高度。为此，付海云翻阅了大量画册、熟读了三国故事，反复观摩，一次次地对照图片练习。《忠义关公》就这样在海云的手中诞生了，整件作品充分运用面塑的技法，造型大气而精巧，神态逼真而传神，线条细腻而清晰，色彩鲜明而浓重，突出表现了'武圣'关公的威武形象，让观赏者油然产生一种敬畏感。

付海云不大的工作间里，一件件精美雅致、美轮美奂的面塑作品——横刀立马的杨家将、妙肖传神的唐僧师徒、婀娜多姿的十二金钗、造型各异的八仙过海……把不大的空间装扮得生机十足。坐在工作台前的海云，时而沉思，时而捏制，一块块面团在她的加工下，仿佛有了属于自己的生命，活灵活现地一一呈现。

凭借在面塑工艺方面的成就，付海云不仅得到了社会的认可，而且登上了

／ 忠义关公 ／

／ 贵妃醉酒 ／

大学讲坛。有一年，在山西省首届文博会上，前来观摩的复旦大学视觉艺术学院陈彤教授在众多民间手工艺项目中发现了海云的彩面塑，会后亲自登门拜访，特聘付海云前去授课。就这样，付海云来到了复旦大学视觉艺术学院，为大一、大二的学生讲授面塑的技法，深受大学生们的欢迎。一个月的授课结束后，重庆姑娘程航航深深地迷上了这门艺术，不远万里来到付海云家，登门拜师学艺。付海云特别高兴，她让小程住在自己的家里，倾心相授。她说，自己的作品能有灵魂，终究还是源于内心深处对彩面塑的深深喜爱，"我就是因为从小对彩面塑情有独钟，才一步一步走到现在。看到年轻人、孩子们兴致很高，我很开心，希望他们能保持对彩面塑的热爱，把这件事一直坚持下去。"

"一辈子只做一件事是人生最大的奢侈。彩面塑就是我的终生事业，每完成一件作品，自己的生命就更完整了。"对付海云来说，彩面塑已经成为她生命的一部分，缺了它们，自己就是个没有灵魂的空壳子。

　　一束高粱秆能干什么？在中国北方农村，高粱秸秆可以说是随处可见。而这些看似毫不起眼的"柴火棍儿"，在河北井陉手工艺人赵润生的手里却能化腐朽为神奇，变身成为巧夺天工、乡土气息浓郁的手工艺术品。

咬合锁扣

秸秆工艺师

赵润生

高粱秸秆工艺是流传在河北井陉矿区的一种民间手工技艺。清末民初，乡民们多在闲暇时扎制蝈蝈笼、秸秆花灯娱乐玩耍，后来民间艺人用其来制作各类仿古建筑模型、动物模型等，制作出的秸秆工艺品充满乡土气息，造型独特，形象逼真、纯朴自然，具有典型的地域性和民间特色。

在井陉矿区风景秀美的清凉山脚下，有一个历史悠久的古村落，叫西岗头村，今年48岁的秸秆手艺人赵润生就出生在这里。在他的童年回忆里一直烙印着清凉山下采秸秆、和父亲编制高粱秸秆的场景。小时候，父亲还教他编蝈蝈笼、小灯笼玩。赵润生耳濡目染，自童年起就对秸秆技艺产生了一种特殊的感情。

少年时的赵润生酷爱美术和书法。1986年初中毕业后，他到区文化馆培训了两年，之后租房自办"字画店"，经营牌匾大字、书画装裱。在区文化馆培训期间，他认识了当地著名的秸秆技艺老艺人徐耀德（河北第二批非物质文化遗

/ 雕琢 / 咬合 / 匠心独具 /

产井陉矿区秸秆制作技艺的传承人）。徐耀德精湛的技艺和精美的秸秆作品让他叹为观止，也唤起了他童年记忆里的那份"秸秆情结"，于是便拜徐耀德为师，学习秸秆制作技艺。

徐耀德对他要求十分严格，每个工序的基本功都要他练习数千甚至上万遍。"切秸秆，就是个最基础的基本功，每一刀都要精确到 0.1 毫米。长一点作品无法咬合，短一点则会松动。"由于赵润生有扎实的美术功底，再加上他的执着和专注，他的作品非常有灵气，因此徐老师对他厚爱有加，将全部技艺毫无保留地传授给他。从此，赵润生就接过徐老师的衣钵，走上了传承高粱秸秆工艺的漫长道路。

建筑模型看起来精美，制作起来却十分费工夫。赵润生的手中，即将完工的是一件精美的微缩故宫角楼作品，秸秆制作的角楼严格按照原样缩微，高粱秸秆金黄亮丽的色泽与精妙绝伦的结构图相互映衬，雄伟庄严，高贵典雅，让人叹为观止。

"就说这座故宫角楼吧，光高粱秆就用了几万节。从构思、采样到制作完工，前后耗时一年。"为了制作好这件作品，赵润生专门到故宫进行了实地勘察，拍了几百张照片。回来后又查阅了大量的资料，研究学习古建筑的知识，直到将角楼的结构烂熟于心，才开始动手制作。为了这件微缩故宫角楼的作品，赵润生走路、吃饭、睡觉都在思考接下来应该怎么做，没有一点耐心和毅力，是绝对坚持不下来的。

我国的古建筑为榫卯结构，由木构件上不同形状的沟槽相互咬合、穿插组成，不施一枚钉，不粘一滴胶，却坚固结实，真是奇妙无比。赵润生的秸秆作品就是以这种结构为参照做成的：秸秆制品最主要的工艺是"咬合"和"锁扣"。原理就是用刀在秸秆上挖出小槽，使之互相结合支撑，搭建主体。主体框架搭建好之后，需要添砖加瓦，就用锥子在椽子、屋顶、瓦垄等上面打眼，再用竹签把它们固定住。一件好的作品通体上下都不用钉子、胶水之类的东西连接固

/ 故宫角楼 / 龙凤呈祥 /

定，与传统木工榫卯结构不谋而合。"关键是尺寸要掌握好。每根秆的直径都用游标卡尺进行校对，误差不能超过 0.3 毫米。"

秸秆作品的成功离不开优质的原材料高粱秆，然而，近些年，随着农作物种植的调整，当地农村已经没人再种高粱了。没有材料怎么办？赵润生就自己种高粱。为了保证原材料的质量和数量，赵润生经常骑车去高粱地精心管理。他有一个珍贵的品种，从种子、种皮、秸秆到秆芯通体血红，色泽鲜艳，非常漂亮。种植这种高粱时尤为辛苦，为了保证秸秆着色均匀，他将生长中的秸秆一根一根地剥开皮，以利于秸秆充分接受光照，只有这样才能保证长成后秸秆的品质。路过的村民见此情景，都捂嘴偷笑：啥年代了，还种高粱？赵润生泰然自若。"不怪人家笑话，方圆几十里，种啥的都有，就看不见种高粱的，也就我一人啦！"

20多年来，赵润生坚守工匠精神，制作作品千余件，而探索路上的酸甜苦辣、个中滋味只有自己知道。他说，"民间艺术家"名好听，实际是个苦差，干这活，必须要坐住冷板凳，耐住性子，心静如水。特别是在创作大型作品的时候，他经常是几天不出门，连续干几个月，因为中间一停顿思路就断了，这样的经历是一般人无法承受的。

因为秸秆技艺选料复杂、工艺难度大、制作周期长、经济收益慢，想要以此养家非常困难，因此专门从事这项技艺的已寥寥无几。"曾经和徐老师学习秸秆制作技艺的十几个人中现在只有我一个人坚持下来了。"赵润生刚开始学习这门技术时，因为不挣钱，家里人都不支持，不得不外出打工，做过广告牌，开过烟酒批发部，勉强补贴点家用，这样才坚持下来。好在妻子闫玉芬非常支持他，承担了家庭大部分的事情。

苦苦的坚守让赵润生迎来了收获的季节。他创作的作品《苍龙游海》《故宫角楼》《六龙宫灯》《龙凤呈祥》等因构思奇妙、技艺精巧而广受赞誉。2016年他被列为石家庄第六批非遗矿区高粱秸秆制作技艺传承人。

"我还要继续努力！我有信心做得更好！"赵润生高兴地说。近几年这项技艺受到了国家和社会承认与重视，终于能够传承下去了。由于环境的熏陶和自己的言传身教，他的女儿赵晨慧如今也已经掌握了这门手艺的基本要领。赵润生还受邀在本地的几所小学授课，希望孩子们在学习的过程中了解高粱秸秆制作的魅力。对于未来，赵润生满怀希望："23年都挺过来了，我无怨无悔，我不会放弃，我要把手艺传承下去！谁让咱爱上这一行呢？"

　　中国有句古话，叫"没有金刚钻，别揽瓷器活"。这说的就是古老的民间技艺——"锔瓷"。在宋朝名画《清明上河图》里，就可以看到街边"锔瓷"的场景。

残缺亦美

锔瓷大师

王振海

中国是瓷器的故乡，对于中国人来说，瓷器并不仅意味着生活器皿，还寄托着人文情怀。怀着"惜物聚福，勤俭持家"的传统，古代匠人们发明了"金刚钻"与"锔钉"，将破碎的瓷器复原，锔瓷这门手艺便产生了。

锔瓷也被称作锔艺，并非单一的锔补，而是将锔补修复、嵌饰做件、镶包配饰等艺术综合运用的魅力独特的一门绝活技艺。

锔补修复瓷器这一行当的产生与中国瓷器的发展有着密切的联系，但起初于何时已无法考证。最早见于宋代张择端的巨型手卷《清明上河图》中的一处锔匠做活儿的一幕，由此算起，锔瓷行当也已跨越了千年历程。

辽宁抚顺有一位有着"天下第一锔"美称，艺名"王老邪"的锔艺大师王振海。他虽已 60 多岁，却是鹤发童颜，目光炯炯，面色红润，声若洪钟，如同一位现实中的"老顽童"加"世外高人"！

王老师的锔瓷工作台设置在自家阳台上一个小角落里。地方虽然小，但摆设得井井有条，墙上挂的、桌上摆的、盒子里放的全是各种各样、稀奇古怪的工具，几件正待修复的瓷器摆在桌子中央。一件精致的水杯裂成了两半，杯口沿处有一磕碰缺口。他仔细观察碎片的碴口，对上碎片、细绳绑定、上弓打眼、截铜造锔、扬锤敲锔……特别是钻孔时要钻到瓷器厚度的 2/3，留下 1/3，这样锔钉之后才不会漏水。上锔钉更是非常有讲究，只能打一锤，恰到好处地将锔钉嵌入到位，如果再打第二下，就容易将钻孔打崩或把锔钉打坏，正所谓"一锤定音"。一只刚刚重生的碗，内部一点都没有补过的痕迹，在碗里装上水，滴水不漏！

王老师的整个动作一气呵成、行云流水，一个破裂的瓷杯在他手上很快就修补完整了。最后只剩杯上缺口，需要制作一枚花钉，就是有图案的锔钉。

"最考验技艺精髓的是制作花钉，而最能提升原有器物艺术品质的也是花钉。"王老师制作的花钉是一只可爱的小金蛙，锔补后填在缺口处，青蛙头正好"趴"在口沿处，仿佛向外张望，杯外壁的一颗小补丁上清晰地印着"王老邪"三个字。一只原本残缺的杯子，在王老师的精心锔补下，组合得浑然天成，竟然有了"荷塘月色蛙鸣声"的意境。

在众多的锔品中，王老师独爱一把古旧的传炉壶。壶正面中间嵌雕的一枝梅花图案上裂开一道小纹，一朵秀气可爱的梅花钉锔在正中，仿佛点活了整个瓷品。

"这是我 8 岁时锔的，生平的第一件作品。"王老邪回忆道。王家祖上自清康熙二年（1663 年）获康熙皇帝亲笔御书"乌龙堂"，就正式以家族传承的方式从事铜瓷工艺，到他这代已经是"乌龙堂"第五代。他们家祖籍山东，祖辈太祖太爷王清河曾为清宫造办处锔瓷御工，他的祖父王洪润有"山东巧工王神手"之誉，当年是北平琉璃厂状元铜匠，被称为"锔活秀"第一人。他从小跟着爷爷学习焗瓷。别的孩子还在弹玻璃球、跳房子时，他已经跟着爷爷走街串巷揽生意，从而掌握了家传的 24 样、72 种、136 道独门绝技。如今在锔活儿

/ 王老邪的第一件锔品 / 锔品荟萃 /

/ 上锔钉 / 一锤定音 / 锔好一个钉 /

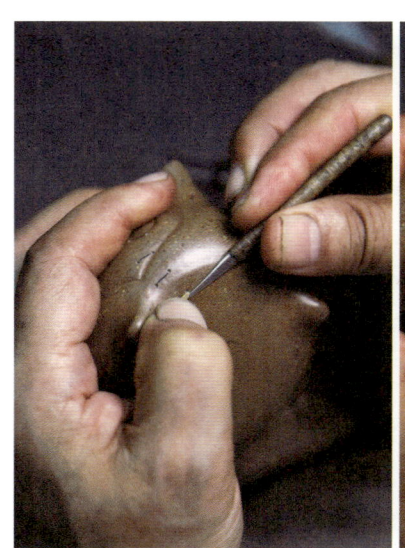  

/ 锔瓷艺人王振海 /

的行当中，王老邪的名号那可是响当当的。

20 世纪 60 年代，刚 11 岁的王振海遭遇了人生的重大变故，失去了亲人，又被下放农村，直到 1977 年才迎来自己的人生转折。那一年，王振海被保送到北京中央美术学院雕刻系学习。从民间到学院的特殊经历使王老邪身上有着一种与众不同的特质，既有艺人的执着勤勉，又有艺术家的创新思维。他喜欢用现代概念来总结传统艺术，认为锔活是 "1+1 > 2" 的艺术。

他说："曾有人拿来家传的瓷器来修复，虽然瓷器价值不大，但却是几代人的感情寄托。我把这些破碎的物件重修于好，也是想修复一份破损的情感，这正是锔瓷的价值，不在于钱，而是修补的用心。"

锔瓷的出现源自人们对瓷器的疼惜，而锔活的时候是在修复器皿，也在修复生命。虽然原有的瓷器有了裂痕，但通过精心地修补，锦上添花，缺陷之美可以为原来的器物加分，使其成为更有意义的艺术品。其实，在"缝补生命，修复艺术"的同时，更是在修炼自己的人生。至今，王老邪修复的瓷器已超过8万件。

对于自己的坎坷人生，王老师淡然一笑，人生又何尝不是另一种锔瓷。虽然会有裂痕，虽然会有挫折和伤痛，但正如锔瓷一样，精心缝补，坦然面对，难道不是一种新的升华吗？王老邪不仅是在锔瓷，更是在锔心。

随着经济发展和社会转型，传统行当正在淡出人们的视野。作为传统老行当中的一员，锔活也面临着岌岌可危的困境。机械批量生产所带来的瓷器贬值将锔活赖以生存的基础彻底摧毁了。王老师不无忧伤地说："从前是碗贵钉贱，一只普通的瓷碗也要5毛或1块钱，锔一个钉才一两分钱，最贵也只有5分钱。现在恰恰相反，锔一个钉100块钱，买一个碗才两三块钱。"这是王老邪最大的忧虑。这个寂寞活儿没人愿意做，传承堪忧。

"手艺是人身上带着的一种技能，人走技艺肯定要绝"王振海下定决心，"不能让这门手艺在我的手中失传"。即使打破祖上"不传外人"的规矩，他也要将手艺外传给有心之人，使锔瓷绝活绝技传承下去，如果不能传承下去，再多的"本事"也是分文不值的。

近年来，王老师经常被邀请到全国各地以及海外讲学授艺，举办展览、传播锔瓷文化，还曾在中央台的《传家宝》《探索发现》、北京卫视的《非凡匠心》节目中和著名演员张国立一起做关于锔瓷的节目。他乐意向所有的人介绍自己的绝活儿。他还开办了博客、发微信朋友圈，用信息时代的方式宣扬锔瓷技艺和知识，传承着中华文化。

/ 七和盏 /

　　"寿山有美石，贵并玉连钰。光芒脂润泽，文理花斑驳。"有着"国石"
美名的福建寿山石雕，为中国玉石雕刻百花园中的奇葩、在海内外享有盛誉。

以石为名

寿山石雕艺人

胡奔校

寿山石雕产于福建福州。福州寿山石质地奇异，学名"叶蜡石"，因产于福州北郊的寿山而得名。寿山石雕已有1500多年的历史，共分圆雕、浮雕、镂雕、薄意、印纽五大类，品种千余种，其中有人物、动物、花果、山水、花卉等供人们陈设的欣赏品，也有文具、烟具、花瓶、印章等实用品。

在聚芳斋石雕工作室的展柜里，一件件石雕作品，石头光泽鲜丽，雕工造诣深厚，造型精巧别致，让人叹为观止。聚芳斋的主人、国家一级雕刻师胡奔校温文尔雅、文质彬彬。他戴着套袖端坐工作台前，手持打磨机精心雕琢着一块石雕三连章作品。这三件章料的主体依旧连为一体，上面一排链环密密麻麻地排在章纽四周，有些链环已经分离开，有些却依旧连在一起。细若绣花针的抛光头灵巧地在链条的空隙间游动，并不时地调整着章料的方向。不多时，一个个链环便从玉料上脱落下来。

"这件三连章作品最重要的工艺就是链雕，而链雕最难的就是脱环。"胡奔

/ 胡奔校寿山石雕 /

校说。链雕是用一块石材镂空雕刻一整条活动石链的雕法，也是玉石雕琢中最考验功底的手艺。玉石质硬而脆，稍有不慎，就链断石毁。制作链条章的玉料要选细腻而性坚、质纯而格少的材料。其次，在相石构思时，还要安排好链条的位置，使链条巧妙避开裂纹与砂格。别看这一组章的器型不大，胡奔校却已雕刻了近一个月。虽未完工，却雏形已现，章料简洁，巧夺天工，特别是 3 条活动的石链，连接 3 颗印章，多达 30 余个链环，环径细如米丝，环环相套，活动自如，令人惊叹。

　　1982 年，胡奔校出生在福建南平建瓯市的雕刻世家，祖上数辈均为庙宇佛像雕塑艺人。大专毕业后，胡奔校怀着对家族传承的石雕业的喜爱，进入福州的寿山石雕厂学习石雕，从此，跟石雕创作结下了不解之缘。由于既有家学渊源，又聪明好学、基本功扎实，还勤奋吃苦，胡奔校的雕刻技艺很快就脱颖而出。2000 年初，当普通石雕技师的工资还是八九百元的水平时，正式入行不到一年

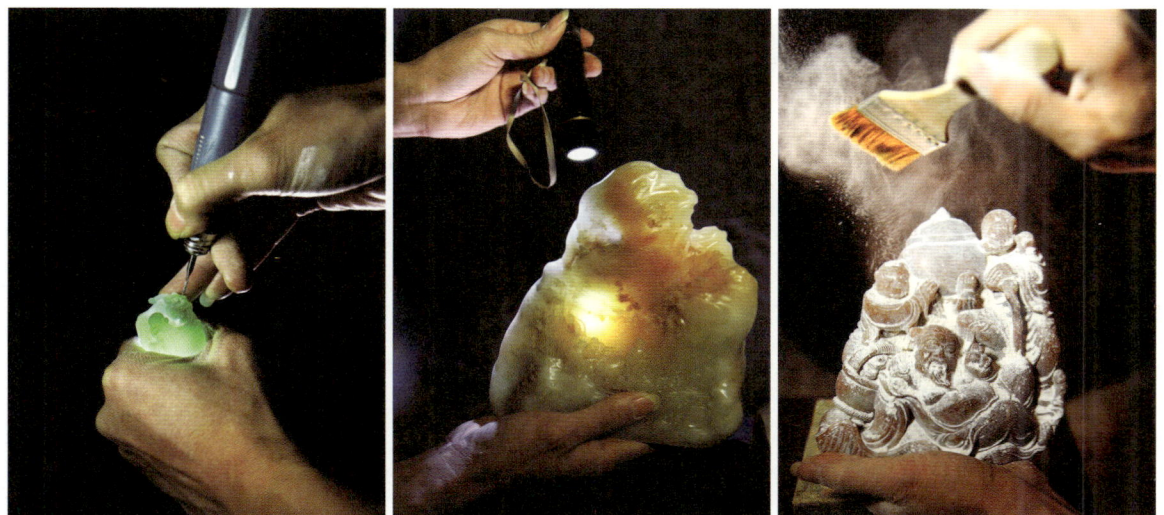

/ 修光 / 验石 / 扫尘 /

的他就拿到了 1200 元的高工资。

但是，胡奔校却不安于现状。因为他雕狮子技艺纯熟，产品销路好，厂里就让他重复雕这一种题材，虽然收入高，但对于掌握各种雕法，驾驭各种题材，拓展创作空间来说并无益处。2004 年，胡奔校放弃了熟悉的环境、优厚的待遇，在福州办了一个小厂，开始了自己的创业之路。

然而，创业之路困难重重，首先遇到的难题就是"选材"。优质的石材是出好作品的关键。以前创作时都是老板把石材准备好，他自己在这方面没有任何经验。第一次去进原料，刚采出来的原石各色各样，他从石家手上买了许多便宜的鸡血石原料——冻石，回来切开后，却是一多半不能用。而这其中最难买的是寿山石，看起来外表漂亮的，剖开后里面却全是石渣。在如何选材上，胡奔校走了很多弯路，交了许多学费。

选到了合适的材料，还要会独立"相石"，这是创作不同题材的基础。相石，就是寿山石雕艺人通过观察寿山石外观形象、状态，在头脑中判定怎样塑造物像的过程。"读懂石头，才能与各种石头结缘。"以前相石由师傅把关，胡奔校做的作品色彩单一，相石也单一。现在，面对各种各样的昂贵原材料，如何用好并使之出彩就是摆在胡奔校面前的一个难题。

有一次，胡奔校碰到了一块通体黑亮的石材，美中不足的是石头的顶部有一大块白斑。胡奔校思虑再三，最后采用浮雕技法雕刻出《丝绸之路》，在凿坯时保留了"白斑"并雕为远行的驼队，而大块黑石却分文未动，图案虽小，却刚好体现了丝绸之路任重道远的悠远意境，使得作品别有情趣。

胡奔校说，寿山石雕的相石贯穿在打坯、凿坯，甚至修光、磨光各个过程中。打坯前的相石定的是雕刻题材和雕刻技法，它决定了这块石头的处理方向；凿坯、修光，甚至磨光的相石是根据石头里面的变化，重新构思，灵活应对，它能起到峰回路转，甚至画龙点睛的作用。业内有"一相能抵九日工"之说，强调的是相石的事半功倍。如果相石出了问题，雕刻刀一动下去，那减去的石头

／寿山芙蓉石《白云生处有人家》／

就再也补不回来了。

经过多年的摸爬滚打，凭借着深厚的艺术功底和善变的艺术技法，胡奔校创作的题材已十分广泛，山水、人物都得心应手，尤其擅长人物圆雕、大型雕件，逐渐形成了自己的特色，"胡氏技艺"也成为闽北寿山石雕的亮眼招牌。

2013 年，胡奔校和朋友带着作品来阳泉参加奇石展览。山西厚重的历史文化、独特的山水人文的浸润，让胡奔校产生了强烈的创作激情，此后他扎根在此。以山城阳泉历史与风光为题材的"阳泉盛境"等一批现代山水风景大型寿山石雕作品大受好评，频频获奖。

在胡奔校心里，自己始终是一名工匠，他希望通过自己的努力，用工匠精神打造一块真正的南北大融合的石雕金字招牌。

　　"黄沙百战穿金甲，不破楼兰终不还""黄金锁子甲，风吹色如铁"，关于古代战争的描述，似乎都离不开铠甲。金戈铁马如梦的时代早已成为遥远的历史，曾经闪耀在历史长河中的铠甲装备也只现身于银幕与展览。然而，铠甲作为古代战争的重要装备，却记录着丰富的历史信息和文明密码。

金戈铁马

蒙古族铠甲制作人

宝勒德

说到蒙古铠甲，马上就会让人联想到 13 世纪纵横世界的蒙古铁骑，他们个个戴盔披甲，在万马军中冲锋陷阵，挥洒自如。我国的铠甲历史由来已久，特别是马上民族蒙古族的蒙古铠甲可以说是另一种形式的文明传承。

古代战争中多使用冷兵器。对阵双方短兵相接时，除了比拼将士们的武艺和体力，铠甲也是最重要的一环，它能够有效地保护将士们的身体。因为铠甲在战争中的巨大作用，在很长一段时间内，它是一个国家军事实力的象征。现在各种防弹衣就是古代铠甲的发展与继承。

宝勒德的"影视道具工作室"设在内蒙古呼和浩特市玉泉区大盛魁文创园北区。这是一间不算大的屋子。进入工作室，就见宝勒德正伏在工作台边上专注地修理着满是锈迹的铁片，手里传出叮叮当当的敲击声。修复一套铠甲并不是件容易的事，其制作工序极其复杂，漆器、皮艺、绘画、雕刻、錾刻、锻打等各种技能修复者都必须掌握。

/ 铠甲展示 /

首先，要对需铠甲的形制、样式进行研究，要先画出整体图样，大到整体形制，小到每个花纹，都需要严格考证，尽量还原历史真实。铠甲的甲片都是些一指宽的铁片，因为埋藏地下已久，每块甲片都锈迹斑斑，有些无比坚硬，有些则非常脆弱，稍一用力就可能折断。甲片上这些锈斑堵塞的孔洞需逐个清理打通，根据锈蚀情况，需要采取不同的办法精心打磨修复破损的边角。

每件铠甲需要甲片1000多片。在制作时，先将最上等的牛皮按人的体型裁切缝制成皮具，再根据铠甲的防护功能需要，绘制好这些甲片装订的图案，然后将这些零零散散的修复后的甲片用牛皮绳按照图案固定在上面，这样就完成了一件完整的甲衣。牛皮绳要用头层牛皮，加工过的牛皮或是非头层牛皮第一眼看上去或许比较光鲜，但时间长了会开裂，是绝对不可取的。按照铠甲预先设计的图案，宝勒德把甲片一片压一片地重叠码放好，用柔韧的皮绳逐个订在甲衣上面，形成环环相扣、片片相连的整体。

"甲片之间相互抵压1/3，这是来自对历史上数千次战争的总结。"铠甲在战

/ 设 计 图 案 / 錾 刻 /

/ 打 磨 / 复 原 的 铠 甲 /

／修理出土甲片／

场上起到了保护生命的作用，但同时它的灵活性和舒适性也是相当重要的。这种片片相连、承前启后的设计，在每个方位非常贴合人体，又不影响行军打仗。无论进攻或是防御。铁甲冰冷的背后，士兵生命的温度却依旧。

"这套铠甲有 30 多公斤重，沉甸甸的，全是历史。"宝勒德用力掂了掂刚制作好的铠甲说道。甲衣虽然锈迹斑斑，却依旧透着阵阵寒气。从考据、修整甲片、上色、裁绳、装订甲片，直到最后配制服饰护具，这两件铠甲的复原耗时 2 个月才算基本完成。最让宝勒德感叹的是古代工匠对于人体力学与弧度的精确把握，除了对人体重要部位要重点保护，关节处还要保持活动自如。

2008 年，一次偶然的机会，他参与了一部反映成吉思汗 32 代嫡孙女真实生活的纪录片《斯琴杭茹》的道具制作，此后又担起了六集大型纪录片《成吉思汗祭奠》的道具制作。在种类繁多的蒙古族民俗用具中，蒙古铠甲不仅最能展示草原民族剽悍的性格与辉煌的历史，而且制作技艺最为复杂，是木刻、陶艺、金属银饰、皮雕制作等手工艺的综合运用。因为可研究借鉴的实物稀缺珍贵，所以制作难度最大，但宝勒德却疯狂地爱上了铠甲制作这项原始传统而又具有挑战的手工技艺。

2010 年，中蒙合作的历史题材电影《成吉思汗十勇士》开拍，宝勒德担任道具师。他为这部电影制作了 30 多套铠甲，其中主要演员穿着的精装铠甲就有 12 套。因为没办法看到古代留存下来的铠甲，宝勒德只能研究大量的古籍资料。为了方便修改，在开始制作前，宝勒德先根据图纸制作出纸质样盔样甲。他还要去片场观察演员的动作，研究穿上铠甲后的艺术效果和行动效果，再根据现在的人体工程学，加上自己的设计创新，改良配件。凭借勤奋和认真，宝勒德圆满地完成了任务。

"做铠甲、皮具已经成了我的生活。看到自己的作品，很有成就感。"他把制作古代铠甲当成了自己的事业，先后又担任了多部影视剧的道具制作。

有时，一些喜欢盔甲的朋友们还会找宝勒德量身定做真人版铠甲。"做真人版费时费力，但这也是一个新的方向，我会考虑涉足定制业务。如果能和旅游文化产业结合起来，我觉得更好。"在他对这份事业的规划中，只有这样，盔甲才能"活"起来。

他心中一直有个梦想，真实地还原一副 13 世纪成吉思汗时代的蒙古铠甲。"虽然铠甲在 200 多年前就已经被淘汰了，但它毕竟是我们历史和文化的一部分，必须有人去挖掘传承，而我想做这个人。"

　　"十步之内，必有工匠。"新疆新和县依其艾日克乡加依村享有"中国新疆民间手工乐器制作第一村"的美誉。百余年来，加依村"萨孜其"（乐器制作匠）人才辈出。

佳音绕梁

新疆乐器制作人

阿不拉·依不拉音

　　"城角高台广乐张，律皆夷则少宫商。莩茄八孔胡琴四，节拍都随击鼓镗。"林则徐 1845 年在新疆任职奉召回京候补途中，在托克苏的托玛回庄借宿时记录下了当地人的生活场景，其中提到了维吾尔族的乐器。

　　托玛回庄，就是今日的加依村。加依村水土条件优渥，这里的桑树性能有别于其他地方所产，木质坚实致密，年轮纹理美丽，非常适合用来制作乐器。制成的乐器声音悠扬浑厚，传得很远，音色也特别悦耳动听。据说，大概在 300 年前，加依村来了精通乐器的制作技艺阿比孜·卡里和热希兄弟俩。当他们发现加依村的桑木质地特别优异时，就开始用来制作乐器，之后声名远播，遂被人们尊为"萨孜其"的祖师爷。这样几百年传承下来，加依村就逐渐成为远近闻名的乐器制作中心。

　　阿不拉·依不拉音是个身形壮实、朴实厚道的汉子。他的家是一座风格古朴、民族风情浓郁的小院,门楣木牌上的"手工乐器制作销售专业合作社"非常醒目。

/ 阿不拉·依不拉音 新疆乐器制作人 /

院里一角的乐器制作室，半面墙上悬挂着还没装弦的都塔尔和弹拨尔，偌大的屋里堆满了小山一样的各式乐器的"肚子"和"脖子"，几个手艺人正在专心致志地做着手里的活计。

"一把上好的乐器从选材到制作完成费的时间可不少，需要精雕细琢的真功夫。"阿不拉·依不拉音拿起一把刚做好的都塔尔仔细地端详着。都塔尔外形像个长柄的大水瓢，由共鸣箱、琴颈、琴杆、弦轴、琴马和琴弦等部分组成。

"大水瓢"的共鸣箱是乐器制作中难度最大和最关键的部位，需要用十几块两端窄、中间宽的木板条拼接而成。最好的都塔尔必须要用桑木，因为桑木的柔韧性比较好，在弯曲的过程中不容易断，而且用桑木做的都塔尔，声音也是最好的。木板条首先要用水泡，然后再用火烤，慢慢弯成所需的弧度。"这样制作出的共鸣箱，不会变形，不会裂缝，不会炸漆，不会走音。重要的是，

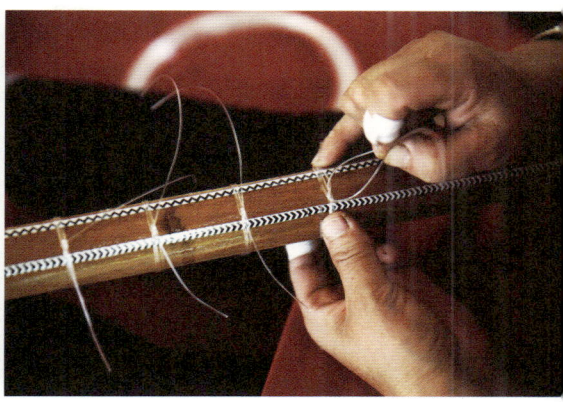

/ 弯曲成型 / 缠结 /

/ 修整木条 / 整形 / 上弦 /

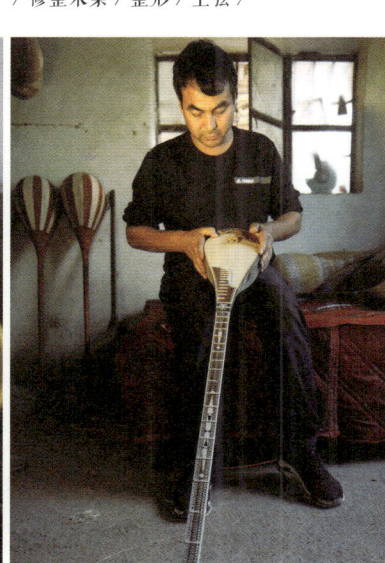

越放音色越浑厚。"

而都塔尔的"脖子"（琴颈），则是从一截桑木开始，通过凿、雕、刻几道工序就成型了。"劲儿大了会挖穿，劲儿小了挖不动，关键都要靠手上的力道。"每一道工序都决定着这件乐器的成功或失败，因此，也考验着制作者的手艺，而所有的尺度都握在他们的手中和心中。

在手艺人的眼里，一把都塔尔不仅是把乐器，还是一件传世的艺术品。进行精深加工，首先要在都塔尔的琴身上根据设计好的图案刻出相应的小凹槽，再将事先加工好的骨头或牛角切成一块块细至 1 毫米、2 毫米的贴片，用黑白贴片依着图案镶到凹槽中拼接成各种图案，然后用锉子将突出的部分锉平，最后经砂纸打磨。因为太费功夫，所以只有最好的都塔尔才能享受这样的待遇。

"你看这把都塔尔，花了半年时间才做成，仅镶嵌装饰物就用了两个多月。做这个活儿枯燥乏味，太熬人了。但好马配好鞍，心血都在手艺里。"阿不拉·依不拉音给我们展示他制作的精品都塔尔，都塔尔上流畅的花纹、精致的琴弦、华丽的骨质雕刻传达着难以言说的民族文化气息和匠人精神。他轻轻抚摸着乐器，就像抚摸着自己的孩子，透着无限的爱惜。

"我会制作近 20 种民族乐器，乐器的每一道工序都很繁琐、单调，而想要做好一把乐器，需要沉下心来。"阿不拉·依不拉音家做乐器已有 200 多年历史了。阿不拉·依不拉音也是从小耳濡目染，十来岁就跟随父辈学习手艺。2013 年，阿不拉·依不拉音被评为新疆维吾尔自治区级非物质文化遗产项目传承人。

由于制作乐器出了名，阿不拉·依不拉音的家变了样，原来的土坯房变成了一座 200 多平方米的大院子，不但有了乐器制作室，还有专门的乐器展示厅。阿不拉·依不拉音还拿出全部积蓄，并把自己的房子腾出来作为生产车间，与 5 个常年合作的手艺人一起成立了"嘉音加依乐器合作社"。

加依村每年能制作数千件民族乐器，然而，由于传统的销售渠道所限，不少乐器只能挂在墙上成为摆设。2015 年 3 月初，阿不拉·依不拉音在新和县有

/ 制作乐器的妇女们 /

关部门的帮助下，聘请了几个精通电子商务的大学生，注册了"天籁嘉音民族手工乐器合作社"电商平台。"想不到我们这古老的手艺也能连上互联网，真是神奇啊！"

　　加依村给人的感觉很美妙，质朴典雅的古龟兹风格房屋和街道、古色古香的乐器展示中心、自然灵动的小桥小溪，伴随着悠扬清新的音乐和袅袅升起的炊烟，使整个加依村充满了诗情画意。阿不拉·依不拉音们通过自己勤劳的双手，传承着古老的技艺。

　　马头琴不但在中国和世界乐器家族中占有一席之地，也是民间艺人和牧民们喜欢的乐器。马头琴所演奏的乐曲深沉粗犷、激昂，如同蒙古民族的性格。从成吉思汗时代开始，马头琴苍凉悠扬的琴声就回响在辽阔草原的上空，传达着蒙古民族心灵深处的喜悦忧伤。

草原琴音

马头琴是蒙古族牧民最喜欢的乐器，它的历史可以追溯到成吉思汗时代，时称"潮尔"，因琴杆上端雕有马头而得名。据《马可·波罗游记》载，12世纪鞑靼人（蒙古族的前身）中流行一种二弦琴，可能是其前身。

在内蒙古，如果一提起做马头琴的人，人们首先都会想到段廷俊。可以说，老段在内蒙古马头琴制作业里是个领军人物。

段廷俊是中国马头琴学会副会长，在内蒙古众多的马头琴厂中，他的音艺马头琴厂是其中最有名的一家。音艺马头琴厂位于内蒙古呼和浩特市新城区团结小区一个几百平米的四合院内。光线昏暗的屋里摆放着一张颇有些年头的门板做成的操作台，上面摆满了木料和未完工的琴箱、琴杆以及各种刻刀、凿子，地上到处堆满了刨花，就在这里，段廷俊制作出了一把把精美的马头琴。

马头琴由琴头、琴杆、琴箱、琴弓组成，一颗高傲的马头挺立在上方。细长的琴杆连着梯形的共鸣箱，两支弦轴分别立在马头的左右，紧拉着两根琴弦，整个马头琴看上去就像是变了形的马的半身像。

段廷俊老师是共和国的同龄人，身板精瘦，人却很有精神，说起话来非常幽默。工作台前，他正专注地聚焦在快要雕成的一只马头上，马头的雏形已具呼之欲出。"不光远看像马，细节上更要出彩，马的高贵必须要表现出来，马嘴里牙要细长，马头上耳要竖直，特别是马眼，神情饱满全看它，千万不能凹进去，那可就成了鼠眼了。"起初还显木呆的马，随着段廷俊用刻刀在马眼下的泪槽处深挖几下，马的精神立刻就有了。

一个品质优良的马头琴，制作的程序非常复杂，工艺要求很精细，从选材、切割木材、制作琴箱、琴杆、马头等共有70多道工序，要求制作者有相当娴熟的技巧。在段廷俊的口中，制作乐器必须要具备3门技术，首先要懂音乐，其次要懂木工，然后要懂美工。

若是光看他做马头像是个懂美工的木匠，然而看了他调琴的过程，就会明白对音乐的理解对于做好一把马头琴、成为制琴专家是多么重要了。段廷俊为琴箱调音的方法很独特，他把半成品的琴箱放在特制的支架上，装上琴弦，一边用琴弓在上面试拉，一边用心感受琴箱的音质效果，不时用刨子慢慢地刮削修整面板和背板。背板、面板去留的多少，全凭自己的耳朵判定，他把这种方法称为"六面调音法"。提琴的做法是从外往里做，没有调音的余地，而他制作专业马头琴的方法却是不断拉动琴弓，同时从里往外做，调节共鸣箱的尺寸，直到感觉拉出的声音与琴箱达到完美的共鸣为止。

"做乐器之前，我就学过吹笛子、拉二胡、小提琴、手风琴，还背歌谱，音乐基础打得很好。"1971年，喜欢民族乐器的段廷俊进入了呼和浩特民族乐器厂，从此便与马头琴结下了一生的缘分。在制作马头琴的过程中，调音是重要环节。段老师自己会拉琴，因此在绝大多数不会乐器的制作工人里比较吃香，演奏家订制乐器都愿意找他。当年著名的马头琴演奏家齐·宝力高需要改革马头琴就找到了段廷俊。

/ 上琴马 / 做琴弦 /

/ 顺弦 / 结头 /

/ 马头琴之美 /

音色的美与琴箱息息相关，琴箱的选料必须考究。"过去的皮面马头琴，拉不了 18 分钟的协奏曲，因为舞台上灯光一开，温度一高，皮子就硬了，弦就跑了。"传统的马头琴由于音色低，只适合独奏，很难演奏高亢、激越的乐曲，为此，段廷俊花了十几年的心血改良马头琴。

20 世纪 80 年代，他开始试用梧桐木和白松木代替琴箱皮面，白松的音色和提琴音色聚拢，比较细腻；梧桐木面音量大，音色豪放。"两个音色代表了成吉思汗的两匹骏马。"1983 年 7 月，齐·宝力高在山西太原举行的第二届华北音乐节上，用梧桐木面马头琴演奏了《草原音诗》，音色丰富、和谐，舞台效果好，被评为"最优秀节目"。

做出草原上最好的马头琴，把优美的马头琴文化推向世界是老段的心愿。他说："要想让它得到全世界的认可，就必须从民间色彩的乐器发展成旋律乐器，登上世界音乐殿堂，成为交响乐中的一支奇兵。"

为此，老段钻研了数年。提琴是世界的主流乐器有小提琴、中提琴、大提琴、贝大提琴 4 个声部，从 1990 年起，段廷俊完成了马头琴的 5 个声部——高音、中音、次中音、低音、贝低音的马头琴多声部配套改革，形成了一个高中低音俱全的完整乐器组。

2005 年，齐·宝力高带着段廷俊制作的马头琴，率领他的"野马"马头琴乐团走进被誉为"世界音乐殿堂"的维也纳金色大厅，举办了马头琴专场音乐会，将蒙古族的传统乐器推向了世界舞台。2010 年，段廷俊又研发了金属弦低音、金属弦贝低音马头琴，完成了七声部的改革。经过改革后的马头琴糅进了提琴、四胡等乐器的优美，引入了意大利小提琴的共鸣，不但保留了传统马头琴古朴雄浑的风格，而且使旋律更加优美，音质更加洪亮，古老的马头琴焕发了新的活力。

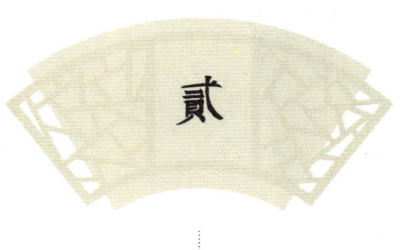

貳

指 尖 上 的 生 活

　　身着蓝花布的姑娘、挂着蓝花布的窗棂、铺着蓝花布的桌台……简简单单的蓝白两色，质朴的色彩、素雅的风韵，创造出一个淳朴自然、千变万化的艺术世界。

蓝白之魅

印染大师

吴元新

在南通市风景优美的濠河边上，有一座独特的博物馆——中国南通蓝印花布博物馆，创办人就是首批"国家级非物质文化遗产代表性传承人"、国家级工艺美术大师吴元新。吴元新梳着中分头，一身深蓝色的布衣，丝毫看不出他已经 55 岁了。南通蓝印花布博物馆是一座集收藏、展示、研究、生产、经营为一体的专业博物馆，在这里既有制作蓝印花的工具、原料的展示，又有历史、资料的介绍，既能观摩蓝花布的制作过程，又能挑到自己喜欢的蓝花布商品。

流行于江南民间的蓝印花布是我国最古老的印花织物之一，已有 1300 年历史，早时也称靛蓝花布，因以天然蓝草为染料印染而成，又俗称"药斑布""浇花布"，制作过程全为手工操作。它以朴拙幽雅的文化韵味，在我国民间艺术中独树一帜，千载之下仍散发着自然的芳香。

生于 20 世纪 60 年代的吴元新是江苏省启东市人，17 岁中学毕业后，到了一家蓝印花布印染厂当学徒，从染布、刮浆、刮白、整理等基本工艺技能学起。

他介绍说："我记得我是厂里唯一一个年轻学徒，跟师傅学蓝印花布整套的工序。"一年后，他被调到了刻版设计室。设计图案是印染厂中最有技术的一个部门，而当时的染坊里没人学过设计，想要设计新的纹样很困难，所以产品总是用老纹样。于是，吴元新经常利用休息时间到民间收集各类蓝印花布，寻找灵感，还经常去当地的文化馆学习美术。

1982年，吴元新考入宜兴陶瓷学校美术专业。因为长年潜心琢磨蓝印花布的图案创新，他画的图案是学生中最好的。毕业时，他留校专门教学生画图案。1987年，全国第一家旅游工艺品研究所在南通筹建，其中，又把蓝印花布作为专门的研究内容。对蓝印花布工艺设计都十分熟知的吴元新自然成了这项工作最恰当的人选。在这个岗位上，吴元新一干就是10年。他设计的鱼壁挂系列画稿获得市场追捧，设计的蓝印花布壁挂系列荣获"全国旅游工艺品优秀奖"。

1996年，南通旅游工艺品研究所因经济效益不好被兼并，吴元新面临下岗。有收藏、有设计，又从事了这么多年的研究开发工作，自己为什么不能为蓝印花布建造一个陈列的殿堂？经过一年的准备，吴元新的"南通蓝印花布艺术馆"挂牌了，他把自己20年来收藏、开发、研究的成果和几百件蓝印花布精品布置成清新朴素的"蓝白世界"。

在蓝印花布博物馆，馆长吴元新正在指导几个爱好者体验蓝印花布的制作过程，"在蓝印花布制作的这一系列过程中，第一道就是镂刻花版，刻版可谓关键中的关键。"吴元新讲解着馆藏的刻版珍品，从初生婴儿的襁褓布到牙牙学语时用的"五毒"兜肚，上学时盖的"状元及第""三子夺魁"被面到结婚喜庆时用的"麒麟送子""和合二仙""狮子滚绣球"包袱布，有图必有意、有意必吉祥的纹样表达着百姓对美好生活的追求和向往。"这可是我的'命根子'！历经磨难，这些珍贵的刻版才幸存下来。"多年来，为继承和发展这项古老的民间工艺，他走遍了江浙一带乡间的田园农舍，收集了明清以来的蓝印花布、夹缬、绞缬、民间彩印等传统印染实物2.6万余件、纹样10万多个。

/ 刮浆 / 刻版 /

/ 脱水 / 自然印染 /

/ 蓝白之美 /

　　刻好版后，就开始印染，首先是用黄豆粉和石灰按 1∶7 的比例调制，再加上适量的水调成糊状，把刻好的花版放在白布上，就可以进行刮浆。吴馆长说，刮浆时要用力均匀，接版时要把布和花版放在边沿，这样才能使版面匀称相接，印好染浆的白布需要两天的时间阴干，待灰浆晾干后，投入缸内染色，最后把布上的浆洗掉，至此一块美轮美奂的蓝印花布就制成了。

　　"别看一块小小的蓝印花布，生产流程挺复杂，全为手工操作"说起蓝印花，内敛的吴元新开始滔滔不绝，"从种植土靛、打靛、纺线、织布、打线、浆线，到制版、合版、油版、刻版，再到打浆、印花、晒底、染色、起缸、还原、氧化，最后漂洗、脱水、晾晒出成品，总共有 20 多道工序"。

　　谈到蓝印花布的传承时，吴元新感叹："蓝印花布的技艺传承到了后继乏人的境地，培养新一代传承人迫在眉睫。"20 世纪七八十年代，传统技艺面临失传的危险，全国的蓝印花布技艺传承人已不足 30 人，而且还在逐年递减，这让吴元新看在眼里、急在心里。不得已，他把女儿、女婿叫回来传承手艺。"非物质文化遗产的传承人应是立体式传承，不仅要在家族中传承，也要在更高的平台上做研究和传承。"吴元新在清华大学美术学院、南通大学等高校开设了工作室，把蓝印花布融入教学当中，就是希望更多有学识的年轻人能了解、喜欢甚至传承这门民间技艺。随着蓝印花布文化交流越来越频繁，来馆参观的宾客日益增多，蓝印花布博物馆被中国民间文艺家协会命名为"中国蓝印花布传承基地"。

　　一幅幅蓝印花布虽然简单，只有原始的蓝白两色，但呈现的样式却又是那样的多姿多彩、寓意古象。质朴素雅、含蓄优美之中蕴含着中国人独特的审美趣味和生活情调，愈经岁月的淘洗，愈会焕发迷人的魅力。吴元新说："一定要保留住我们最珍贵的、最引以为傲的。这是社会对我 30 多年来保护、抢救、挖掘、继承、开发蓝印花布传统技艺所作出努力的肯定，对我来说更是一种责任。"

　　面对接踵而来的荣誉，吴元新感觉肩上的担子很重："专注做点东西，至少能对得起光阴、对得起岁月，我要做的就是用蓝印花布勾勒绚烂的民间文化！"

　　淡墨白描的托盘、晶莹剔透的杯盏、清风晓月的画瓶……一件件玻璃制品飘逸出清淡简约之风，透露着丰腻奇艳之美，而美丽的背后，却是动人心魄的火光交响。

火光交响

——

玻璃工人

郭才军

在中国，玻璃制造至少已有 2000 多年的历史，玻璃可以说早已深入我们的生活当中。提到山西祁县，人们首先想到的是高门大院、晋商传奇，其实，玻璃产业在这里历史也非常悠久。明清时期，山西特色的"琉璃圪嘣"曾随着晋商在中国各地广为流传。玻璃器皿生产是祁县的传统产业，并一直传承着玻璃人工吹制工艺。

在玻璃器皿最初成型的炉台车间里，车间领班郭才军师傅正在和工人们忙碌地工作着。炉火熊熊下，工人们挥汗如雨，玻璃熔料在 1600℃的高温下融化、变软。郭师傅手拿一米多长的吹管，蘸取溶液转接到玻璃吹管上，长棒的前端被烧得软软的，呈耀眼的明黄色。伴随着拉、扯、压、点等操作，郭师傅边吹边利用自然下垂形成的蛋形空管，将末梢部吹成球形，并运用半熔半凝技术把圆球套上模具进一步吹成葫芦形，一个葫芦形玻璃瓶的雏形就这样显现出来。

炉火通红，热浪滚滚，琉璃溶液渐渐被吹成各种形状。连续 4 个多小时的

/ 造型 /

/ 描画 /

高温作业，郭才军已经被烤得口干舌燥、满面赤红。拿过水杯，他猛饮几大口。这种高温下持续地全神贯注的工作，常常会让人累得虚脱。不过，郭才军却很享受这份艰辛，说北方寒冬时节，最快慰不过的事情就是缩在工作室里，守在加热炉旁，看着火苗冉冉升起，聆听外面寒风肆虐，别人怎能懂得这快活？

郭才军已从事玻璃行业18年了，当初是跟着姨夫入行的。刚学习玻璃技艺时，他对工作环境和工作强度很不适应，车间里温度很高，融化炉高达1000多摄氏度，液态的热玻璃在里面翻江倒海。站在炉边取玻璃，动作稍慢一点，裸露的皮肤就被烫出一层红晕。每到上班时，不是弄坏自行车，就是装肚子疼头疼，三天打鱼两天晒网，逃避干活。为了让他尽早掌握吹玻璃技术，姨夫让他练习拿着铁杆边吹边空转，铁杆有分量，把杆垂直放下，下面垫块砖头，以此来练习用杆在模具里找中心，只有找到中心，吹出来的器皿才能饱满圆润周

/滚料/加底/

/描画/定型/吹玻璃/

正。经过勤学苦练，他的吹玻璃技术逐渐过硬。由于爱动脑筋，能制作各种花样的玻璃制品，受到了同厂一位姑娘的爱慕，俩人因玻璃而喜结良缘。当时，玻璃行业在当地是收入颇高的行业，如果一户人家有两个人在玻璃厂上班，那日子可是令人羡慕的。就这样，郭才军安下心来，一心一意地钻研玻璃技术，渐渐地爱上了这火热的行业。

"制作过程看起来似乎简单，但其中火候的掌握可就是个硬功夫，差之毫厘、失之千里，而且更难的是吹、转等动作得同时进行配合。"郭才军说起吹玻璃，那是头头是道。吹制玻璃是一种技术，目的是为了让玻璃成型。难度在哪儿呢？

首先是取料。把铁杆预热后，玻璃溶液才容易沾到杆上，杆转动的均匀和快慢决定着溶液的多少和粘接的深度，而料的多少需要根据将要吹制的容器而定。若容器小而料太多，将来的成品就会太厚不美观。同时，转动时千万不能把空气夹到溶液当中，那样就会产生气泡。取了料后，在泡机上把料滚到一定的均匀度软硬度。最后，甩料最关键，要根据模具的大小来控制，如果是上面小下面大的葫芦，下面就要甩得粗些，这样进了模具后正合适，吹出来的器皿效果最好。培养一个技法纯熟的吹玻璃师傅，大约要花上一年的时间，这其中还要忍受难耐的热浪、难耐的苦闷和吹制失败的挫折，但也因此显出玻璃制品的珍贵和价值。

和华贵高雅、玲珑万般的外形相比，玻璃器皿的塑造与成型简直是判若两个世界，也许只有经受过烈焰淬炼，平凡的东西才能绽放出夺目的光华。"虽然条件艰苦，但谁又能说这美丽器物没有我们的心血呢？把一件事做到极致，就是了不起的匠人。"在现代机器化泛滥的时代，郭才军这样的玻璃手艺人依然一直延续人工口吹玻璃制品工艺。优雅的玻璃制品因凝结了手艺人的精气，才透出一种唤起人心灵共鸣的生气。

　　《中国近代手工业史资料》中记录了德国实业家李希霍芬在清同治九年（1870年）来山西大阳时的惊叹："大阳的针供应着这个大国的每一个家庭，并且远销中亚一带"。直到鸦片战争，外国机械钢针倾销到中国市场，兴盛长达三个多世纪的大阳手工制针业受到了沉重打击，从此逐步走向衰败，最终退出了历史舞台。

铁杵成针

最后的制针人

裴向南

"头号针能纳千层底，二号针能缝万件衣，三号四号老常用，针线活儿不可离。五号钢针虽然小，大家小户离不了……"寂静的巷子里飘荡着婉转诙谐的钢针歌，打破了小巷的宁静，唤醒了大阳镇的清晨，迎来了阳阿古县的第一缕曙光。别看这个位于山西省泽州县西北的老镇现在冷清，明清时期却拥有享誉全国的手工制针产业，产品占据了大半个中国市场并远销中亚，被称为"九州针都"。

走近一处小院，砖房瓦屋，空地上种着青菜，最显眼的就是摆在院子当中的风箱、火炉和制针的操作台。这是大阳最后的制针人裴向南的家。裴家世代手工制针。明朝嘉靖年间，裴氏先祖就以精湛的手工制针技艺名噪一时。制出的针锋利，光洁度好，有柔韧性，不容易折断。

67岁的裴向南身着整洁的白衬衣，鼻上架着黑框眼镜，文质彬彬，看起来比实际年龄要年轻许多。裴向南的爷爷年轻时以做针为生，后来机制针占领了市场，靠手工制针已无法养家糊口，年老时就只是零星做些针了；到父亲这一

/ 最后的制针人裴向南 /

代时，虽然掌握了这门技艺，但已完全不再从事制针行业，父亲在临近的铁厂上班，闲暇时间就在家里做些针，聊以自慰。

裴向南 16 岁起就开始跟着父亲学习制针，为了熟练掌握制针技术，他付出了艰苦的努力。他回忆说："当时我还是个小孩子，叛逆心抗拒心都是有的，不明白已经没用的技艺，父亲为什么非要自己学会。"父亲很严厉，总是对他说，这是裴家祖先几代人用智慧和心血凝结的技艺，不能失传，再说，多一门技艺，多一条出路。所以，裴向南把用于玩耍的时间用到了学技术上。现在回想起来，裴向南非常感激父亲当年的坚持。这段艰辛的学艺之路不仅让自己掌握了制针这门传统手艺，更多的是体会到了裴家祖祖辈辈的辛劳和勤奋，以及凝结在制针技艺中的执着、细致、一丝不苟、精益求精的品格。

虽为裴氏制针法第八代传人，裴向南其实是一名乡村医生，现在也只有周

/ 凿条 / 切针坯 /

/ 滚圆 / 冲孔 /

/ 李计老针行 /

末时才在家里邀请几个老伙伴一起切磋技艺，同时，也是为了向来大阳旅游的人展示一下古代制针的精彩瞬间。

坐在火炉前，裴师傅点起炉火，将一块铁板埋在炭火中加热，一边不紧不慢地拉着风箱，一边不时检查铁板的状态。不一会儿，铁板就被烧得通红，裴师傅用火钳把烧红的铁板夹了出来，放在铁砧上，拿起一把錾子从铁板上裁下一条5毫米宽20厘米长的铁条。随后，他将裁下的铁条重新放入火中烧红，用锤子慢慢锤打，捋成尖尖的锥状针坯，截断后便成为一根钢针毛坯。

"大阳手工制针程序环环相扣。一个环节差之分毫，则整根针全部报废。"裴师傅说完便准备给钢针冲孔，这可以说是制针工艺的最难处，需要掌握火候、力度和位置。

冲好孔后，裴师傅又拿起锉刀在磨石上把针磨尖，倒在热锅里翻炒，炒一会儿后舀一瓢水倒入锅里，这道工序叫热淬，目的是增加针的刚性和硬度。然后是蒸针，这是大阳钢针工艺的特殊之处。裴师傅拿出 3 碗已经制好的"大阳秘方"：白崖土粉末、松木炭、发酵后的豆豉。"这些都是我们大阳本地的东西，松木炭可以增加钢针的含碳量，提升硬度；豆豉可以增加亮度；白崖土作为分散剂让针受热均匀。这样处理后，可以保证针质更坚硬、有光泽、卖相好。"裴向南将针与这 3 样秘方以一定比例混合后放入笼锅，蒸完后通过粗抛光和细抛光，一根针就算完工了。

就这样，一块 5 毫米宽的熟铁块在裴师傅手里经过上百件工具的打磨，变成了一枚枚直径 0.3 毫米的钢针。

大阳钢针从加工原料到制成成品，一共 72 道工序，除过冶炼部分，单纯制针就有取火、凿条、滚圆、锤扁、冲孔、锉尖、热淬、冷淬、掩蒸、抛光、分封等 20 多道工序。祖辈们就是以这样的钢针，跟随晋商的足迹，走遍大江南北，供应着华夏大地上至皇亲下至黎民的诸多家庭。

如今，全镇只有裴向南等六七名老匠人了解手工制针的流程，这门技艺濒临失传。随着时代的变迁和生活节奏的加快，不仅手工制针没有市场，就是使用针线缝补衣服的也少了。

2012 年，作为大阳传统手工制针技艺的传承人，裴向南自筹资金 10 万元，在自家的院子里办起了"手工制针展览馆"。"我们家祖祖辈辈铸针，对一枚小小的钢针有着一种深深的感情，我有责任把它传承下去。"

展览馆只有 20 多平方米，屋子中间摆放了许多裴向南收集的炼铁及制针的工具及资料，四周墙上的展板图文并茂地介绍了九州针都的发展历史及手工制针的程序步骤。遥想当年的大阳镇，每家每户全家上阵，彻夜不歇，锤敲钻磨，此起彼伏，热闹非凡。

"我办展览馆，展示古法制针技艺，就是要让人们了解大阳曾有过的制针技艺和辉煌历史。一枚小小钢针可以创业，粗笨铁杵可以打磨成精细的钢针，这里蕴含着专注、执着以及精益求精、精雕细琢的工匠精神，是永远值得传承的！"

当年，江南人家嫁女儿，最大宗的嫁妆之一便是各种木桶木盆。从浴桶、脚桶直到马桶，出嫁的时候至少要有七八只桶，最多的要准备一二百只，走水路的话光送嫁的木桶木盆就要摇上一船。对木桶木盆的需求，让箍桶匠成为最吃香的职业。

木香久留

箍桶匠人

王金良

　　箍桶这个古老的行业究竟从何开始，现已难以考证。过去，在江浙一带的城乡，家家户户都要使用木质的盆桶，马桶、脚盆、浴盆……木桶凭借自身坚固耐用、工艺精制、物美价廉的特点，成为寻常百姓家中生活用品。因这些家什都是以圆形为主，所以，箍桶匠在民间又被称为圆作木匠。

　　位于绍兴西北的安昌是一个有着千年历史的水乡古镇，长街沿河而筑，一路铺陈的廊棚下，各式传统老店鳞次栉比。刚踏上乌亮光滑的石板路，就传来了清晰可闻的木工声。循着声音，先是看到一副"箍桶技艺咱出众，不信现场比比看！"的对联，然后一间古色古香的箍桶店就呈现眼前了。

　　经营小店的箍桶匠人名叫王金良，今年65岁，酱红色的面庞，方脸高额、浓眉大眼，很精神。店面也就十来平方米，环顾四面，墙上挂着一排排各式各样的刀具，柜子上摆放着各种木桶、木凳子等手工木品。老匠人正坐在一个小板凳上，"哧哧"地做着木工，几乎陷在了满满一屋的木材和各式桶盆之间。

/ 雕花的子孙桶 /

在卷刨的刨动下，碎木屑从箍桶匠的指尖旁滑落，原木的清香味儿在空气里弥漫，木桶也被打磨得愈来愈光滑。

"箍桶师傅本领高，刀一把来篾几条。弯板几块分地散，篾圈一个箍得牢。"外人眼中的箍桶匠的高超手艺，但没有数年的苦学是掌握不了的。从十几岁起，王金良就开始学箍桶手艺。那个年代，箍桶是个吃香的活儿，光安昌镇就有十几家店，家家户户的生活起居都离不开箍桶手艺人，特别是女儿出嫁，一定要让箍桶匠打好陪嫁的"五圆件"，后来发展成了六圆件、八圆件、十圆件。

王师傅从右手边的柜子里找出了一套微缩的"十圆件"：两个担桶、两个饭桶、三个脚桶、一个马桶、一个升箩、一个子孙桶。"像这样一套，每天做12个小时，得整整6天才能做成。""那时生意好得不得了！人家都是早早来我家预约。如果到主家干活，包吃包住，还有烟酒。一个月收入能有近百元，而普通工人只有三四十元"，说起箍桶生意的"黄金年代"，王师傅脸上掩不住兴奋之情。

然而20世纪90年代起，这一套陪嫁的习俗渐渐没有了，随着轻便、美观、实惠的塑料、不锈钢日用品的兴起，箍桶业逐渐走向没落。幸运的是，随着古

/ 取圆画线 / 下锯 /

/ 取高画线 / 刨边 /

镇安昌旅游业的开发，王师傅又看到了商机，首先是恢复生产还有使用价值的圆木件；再就是推陈出新，将传统的产品微缩做成旅游工艺品。如今，王师傅的箍桶店，每天门庭若市，这门古老的行业已成了古镇安昌的一道亮丽风景线。

一个木桶看似简单，但实际上要经过开料、推刨、开眼、钻钉、落底、箍桶、上油等十几道工序，绝对是个慢工出细活的技艺。

用王金良师傅的话来说，箍桶虽然是当时没文化的人的手艺，可也是相当讲究的。做一只木桶，先要将木块锯成大小相同的木条，拼成木桶特殊的弧度，木条间采用竹销连接。"不能用铁钉，铁钉容易生锈，会腐蚀木桶。"桶板需整齐划一，才能确保拼装合缝无间。箍桶匠的技术主要体现在桶状物体板块之间的衔接上，组成木桶的板与板的交接面不像平面相接那样平整，而是外围与内围有一定的差异，这样卷成圆柱体或漏斗体才会缝隙严密，不至于漏水。能揣摩出这中间的奥妙，可是箍桶匠看家的本领！

有句话叫"箍紧必炸"，铁箍勒得松紧必须有度，方可箍得严严实实。可别看上铁箍好像只要往下敲就行，其实光要敲得匀称、不歪斜，最起码要练 3 个月。王师傅箍所有的木桶基本都是一次成型的，牢靠而不渗漏，这非多年功力不可。

最后还有一个关键步骤——落底，需通过开槽才能将底板装上，稍一疏忽就会造成漏水隐患。"这样的一只浴桶，如果保管得好，最起码也要用个三四十年的。"王师傅展示着自己刚做好的一只新桶，自豪之情溢于言表。

"没人要来学了。"敲打着铁箍，王金良师傅摇着头说，"周边几家的箍桶匠也都跟我差不多年纪了，也一样没有徒弟继承了。"虽然旅游开发让小小的箍桶店又红火了起来，可后继无人，这千百年的箍桶匠工艺就快失传了。

虽然已经预想到了这门手艺最后的结局，但王师傅仍然放不下这从事了一生的营生，他依然陶醉在锯木、打磨、拼合、打箍、刨边，日复一日的重复的工序中。"连梦里都能闻到满屋子的木香气，一摸到木头又糙又韧的手感就舒服。一辈子，这手艺已成了戒不掉的瘾。"

/ 安昌古镇的箍桶店 / 箍桶老艺人 /

古朴泛黄的"纸中之王"桑皮纸，泛着桑树特有的清香，放在鼻前细细品味，用手指慢慢摩挲，用心感受它的纹理，像是浸透了历史的醇香味道。握着一张手工纸远远比握着一张机器纸温暖一万倍，仿佛能看到其上流淌着的岁月沉淀。

笺色古光

手工纸匠·

李保根

　　桑皮纸，又称"汉皮纸"，据史书记载，桑皮造纸的技术比蔡伦改进的蔡侯纸还要早 100 多年，被称为纸业的"活化石"。新疆墨玉县、山西高平市都沿用此古法造纸。据同治年间《高平县志》记载，桑皮纸是高平岁贡的重要内容。高平民间现存的很多明清时期的地契、解放战争期间发行的钞票都是由"永录纸"制成，可见，永录村的桑皮造纸在当时社会上享有盛誉。

　　出了高平十来公里，就是造纸之乡永录。永录河从北到南穿村而过，晋桑文化产业园区就在小河边上。生产作坊内，李保根师傅和几位工人正在分头劳作，年已六十有四的李师傅面容和善，由于整日在桑条、桑皮、木椎、木浆和木架间穿梭，浑身散发着几分独特的古韵。李师傅 18 岁就开始学徒，用他的话说："这辈子除了造纸，没想过要做第二份工。"

　　一张上好的桑皮纸需经过拣皮、捣皮、切皮、三蒸、三泡、三洗、抄纸、晾晒等 36 道大工序、72 道小工序，历时一月方可制成。李师傅说，这叫千挑

／ 造纸坊内 ／

万选、千锤百炼。

　　捞纸是手工造纸的关键环节，也可以说是这项技艺的精髓。李保根仍记得少时跟随父亲学习捞纸时的艰辛。这道工序在造纸过程中是最费力的，捞纸人站在纸槽旁边重复着浸、荡、抖、抬等动作，每次手上承受的重量都不轻，捞纸太早纸就太薄易裂，太迟纸又会显厚，影响使用效果。当时每天重复机械式的捞纸动作，却是经常达不到要求。李师傅也曾打过退堂鼓。为了摸索捞纸规律，他在潮湿的纸浆池边一待就是两三个月。"造纸就是要摸准植物纤维的脾气。"现在的李保根能在纸帘下水的一刹那，通过双手和身体的巧妙抖动，敏锐地找到捞纸的最佳时机。

　　站在搅拌均匀的纸浆池边，李师傅将一块 6 尺长、3 尺宽的竹帘平整地放置在捞纸架上缓缓浸入纸浆池里，微微侧倾着脑袋，动作娴熟地将捞纸架上下摆动两下。别看动作简单，经验老到的制纸人就是通过这看似简单的动作来判断纸浆沉淀的快慢、厚薄，这是最考验一个制纸人手艺好坏的关键步骤。接着，

/ 拣皮 / 锤打 /

/ 蒸料 / 捞纸 /

/ 晒纸 / 压纸 / 揭纸 / 桑皮纸 /

李师傅双手一抖，纸浆缓缓流过竹帘，平稳地将捞纸架提出水面，帘上瞬间沉淀了一层薄厚均匀的纸浆。他再反手一扣，一张桑皮纸就诞生了。如此这般，周而复始，一摞纸便"生产"了出来。

李师傅总结："捞纸最吃功夫，这个过程可能是两三秒，也可能是五六秒，主要取决于纸浆的浓度和沉淀情况。看似简单，却十分讲究。"首先得把浆水搅拌均匀，否则捞起来的纸浆就是疙疙瘩瘩的。其次，捞纸的时候要注意掌握时机，动作的快慢和纸浆的厚薄均匀全凭手感。李保根遍布老茧的双手对纸浆的浓度与沉淀非常敏感，看似轻而易举的动作背后承载着的是数十年的功夫。李保根生产出来的桑皮纸，薄厚均匀，质地纯正，如今已成为书画市场上的抢手货。

"高平永录自古有手工造纸的传统，从明末清初开始就形成了产业，最少也有300年的历史了。我记忆中，最红火的时候，全乡有五六百家手工造纸作坊，整个乡镇80%的人家都以此为生。"李保根说。手工作坊一般就是全家三四口人齐上阵，各有分工，相互配合。到20世纪70年代，当地成立了专门造纸的集体企业，仍以手工传承为主，做出来的纸主要供应糊窗、打顶、包装等日常生活所用。2000年前后，因日常生活用纸市场的萎缩以及机器纸的发展，当地的手工造纸一度走向低迷，桑皮纸这种古老而纯正的手工造纸技艺也在逐渐消失，面临着文化传承危机。

"故宫，乾隆年间绘制通景画时所用的背纸全是桑皮纸。"这则报道看似仅仅与故宫的修复有关，实际上却透露出一个关乎手工造纸的出路，如果能充分展示机器所无法替代的生产艺术和历史文化传承，手工造纸就完全有继续生存，甚至有发扬光大的可能。2011年，永录人创建了晋桑文化园，请李师傅传承古法手工造纸工艺。

"其用力艰而成功薄，巧心劳手，百工之事，此为最矣。"清代学者杨澜曾如是说。李保根师傅每天要做的事情就是将这一池池经过蒸煮的桑皮纸浆，凝结成薄如蝉翼的桑皮纸。

小板凳，腿儿短，爷爷坐上编花篮。

新柳条，白闪闪，又细又长又绵软，

左一编，右一编，编的花篮真好看。

——儿歌《编花篮》

指间舞蹈

最后的柳编人

李世德

石碾磨旁，男人给大笸箩盛满糜谷，小女子手执小簸箕，给碾盘添加粮食，女人在一旁用大簸箕闪簸，摇筛出的米如金似银——这是以前北方农村常见的生活场景。过去在农村，柳条编成的簸箕、笸箩、小篮子家家必备，曾是人们日常生产生活中的必备用具。

我国从新石器时代就出现了用柳条编织的篮、筐、盘等。柳条柔软易弯、粗细匀称、色泽高雅，可以编织成各种朴实自然、造型美观、轻便耐用的生活用品。在漫长的农耕时代，柳编工艺不断发展，编织出各种农具、柳条箱、饭篮、菜篮、笊篱、针线笸箩。晋中地区寿阳县的大东庄村在 20 世纪八九十年代曾是有名的柳编村，柳编曾是村里的支柱产业，高峰期从业人员曾达 100 多人。过去在太原、晋中、阳泉地区的各类大小集市庙会上以及供销社小卖铺里，寿阳柳编制品随处可见，非常有名。

从寿阳城去大东庄有十几公里路，进村的路坑洼不平有点难走。这是一个典型的太行山村，如今的村子并不像想象中那样遍地都是柳编，只剩下少数几位老人还在坚守着柳编这门手艺。村中一面土崖下，有3个被称为"簸箕窑"的老式窑洞，这里是大东庄仅剩的柳编制作作坊。窑洞并没有窗户，只有个黑窟窿似的门，门口又用棉布帘子密密地遮住，光亮亮的簸箕筐箩就是在这里成形的。

74岁的李世德老汉是村里柳编手艺最好的人，过去又编又卖，见多识广。"你别看现在这簸箕窑里人少空落了，以前这一排窑里可是热闹了"说起大东庄"柳编村"的名号，说起自己的"柳编人生"，李世德师傅至今骄傲不已。他是老初中毕业生，在那个年代因为父亲的问题，无法再继续上学，也没法当工人，只好留在村里跟着前辈们学柳编手艺。"初学那会儿，手劲儿小，手皮儿嫩，一会儿工夫就是满手的血泡。"他边说边他伸出了双手。由于长期和柔韧结实的柳条打交道，老人的双手内侧长满茧子，两个大拇指已有些变形，手指关节尤其显得肿大。不过，却也正是这门柳编的手艺，让李师傅的生活好了起来。

改革开放后，勤劳吃苦的他不仅自己编各种柳制品，还把村里人的产品收购了去外地卖。"用得可多了，那会儿可不比现在农村种地都用机器，打粮食过光景都离不开这些家什。在去城里的路上，在串亲戚的时节，在大小规模的集市，在田野劳动的现场，柳编随处可见。"20世纪80年代末90年代初那一阵，城镇工作一个月平均工资还不到百元，李师傅一年的收入就达到了5000多元，几年下来，他翻修了自己的房屋，给两个儿子娶了媳妇，还出钱让他们考了车本。当年考一个车本要几千元，一般人根本不敢想。儿子们后来买车搞运输，现在都已搬到城里。当时整个大东庄村因为有这门副业，全村人的收入比邻村要高出一倍多。

李师傅说，编好簸箕需要结掌子、结角子、做茬子以及缠沿子几道工序，做的簸箕是否美观大方、实惠耐用，关键在这些工序上。拿起一捆白亮亮的枝条，摆放在簸箕尺（竖型木架子）上，李师傅一弯一绕，然后"嘿"了一声，瞬间

／钻眼连舌头／刮舌头／

／浸湿／编织／

力量爆发，双臂用力往下一压，枝条就乖乖地躺在木架子里了。还有一些不听话的枝条，身子躺进了架子里，手脚却不服管教，这里伸出一枝，那里冒出一截，李师傅就拿起锋利的砍刀，一一地把它们削平了，修理得规规整整。结掌子，也就是编簸箕背开始了。

李师傅左手掰起坚韧的洁白柳条，拿着绳锤的右手飞快地缠绕，像织毛衣一般，线锤来回往复绞缠。柳条在手指间左右翻飞，手指头游走在柳条间，手中的线穗匀称地咬死条子，勒入身子，一根根"蹦来蹦去"的柳条最后被绳子牢牢固定。上下纷飞的指尖娴熟地穿梭在柳条间，老人看似粗糙笨拙的双手如游龙走凤，这柳条仿佛也变得有了生命一般。

李师傅一直半蹲着，等编织起大半个簸箕面后，他直接蹲在上边。"编簸箕时人不能坐，必须圪蹴着，要不然编不紧而且不均匀。"

镰刀头、拨锤、方锥、槽锥、钩针、拨停等数种柳编工具被分门别类地放在随手可以摸到的地方。李师傅边做活边讲解每个工具的用法，镰刀头用以刮簸箕舌头，要刮得平整、薄厚适中，两边弯曲的地方还要刮出一定的弧度；方锥，用于在簸箕舌头上钻眼；槽锥，用于缠簸箕沿子时捅空儿；钩针，在簸箕舌头上用来钩绳子。

为了给簸箕包边，李师傅把簸箕的帮沿用几个铁夹子将削好的几条柳条固定在一起，以防走形变样；再用柳线穿孔绞缠，用针时循环往复，错落有致，针脚密疏、缀条粗细平整都是在瞬间完成的。不一会儿，一张状若扇形的敞口大簸箕竣工了，新结出的簸箕洁白如雪，熠熠生辉。

正午的阳光分外耀眼，和昏暗的窑里有着天壤之别。为什么要在这阴暗潮湿的土窑里编柳呢？李师傅揭开了其中的秘密。原来为了保证柳条的柔韧度，存放柳条的地方需要一定的温度和湿度，而土窑洞冬暖夏凉，正是储存柳条和进行编制的最佳地方，而且适合四季劳作。

李师傅的言语中并没有说自己的手艺有多好，但是在他对往事回忆的絮叨中，洋溢着对这门手艺满满的热爱，透露着浓浓的自豪之情。他编的小篮子白亮光滑，细密漂亮，最受妇女们的喜爱。好多年前，邻居有个姑娘要嫁到河北，非要让娘家陪送她一只李师傅编的小篮子。那时的姑娘如今已当婆婆了，前些时回娘家，依然挎着那只篮子，虽然有些磨损了，但还是那么结实耐用。她见了李师傅，还一个劲儿地夸赞呢。

说到高兴处，李师傅笑容满面，然而，瞅着如今空落落的簸箕窑，他又是一阵叹息。近些年来，柳编产业渐渐失去了市场，以至于全村从事桺编的仅剩3人，而且都在70岁往上。年轻人出去打工，一天就能挣百儿八十的，比编簸箕挣得多，并且天天蹲在窑洞里，即使会编的也不愿意干这活儿。

昏暗的窑洞里，一根根洁白的柳枝在李师傅的手里变成了各种各样细密光亮的"家伙"，靠着墙上的，立在地上的，都是白亮亮新崭崭的柳编。"咋也舍不下这门手艺，哪天手里不摸上柳条，就像是吃饭缺了油盐，没味儿。"在过去那些艰苦的日子里，人们手头的很多"家伙什"大都出自这些乡土艺人之手，不仅方便实用，而且亲切。在李师傅眼里，这件件家伙什里盛着的，其实是生活，是日子，是期盼，是美好！

　　"作嫁衣，摆针线。"土族古老的婚俗中有"摆针线"的习俗，土族姑娘嫁得好不好，生活幸福不幸福，和自己的刺绣手艺有着密不可分的联系。土族妇女服饰，从头到脚，用刺绣装扮，身着五彩缤纷的"彩虹衣衫"，婀娜多姿，风情万种。

指上彩虹

——

土族盘绣传承人

李发秀

土族被称为"彩虹民族"，能歌善舞、热爱生活。土族古老的婚俗中"摆针线"的习俗一直流传至今。女子在相亲时要把自己制作的出嫁时所穿戴的头饰、服装、鞋袜、饰物等展示给亲戚们，仿佛是一个小小的服装展览会。在新婚庆典时，她们要向婆家人与参加婚礼的亲戚朋友们展示这些服饰，并赠送自己亲手绣制的物件。所以，土族女子从小就跟母亲或姐妹学习刺绣技艺，为的就是给自己制作嫁妆。她们有了自己的儿女后，又会花费十几年的时间，把刺绣技艺悉心传授给女儿。

土族盘绣已经有 1000 多年的传承历史。学习盘绣，一直是土族女子的"必修课"。盘绣艺术民族服饰因独特的婚俗而得到进一步发展，在千百年的时空中代代相传。

"我们土族姑娘针线活儿不好是嫁不出去的"，回忆起自己学盘绣的经历，李发秀的脸上露出些许羞涩。

/ 传承 /

　　年近 60 岁的李发秀是青海省互助土族自治县丹麻镇人，8 岁随母亲学习盘绣，18 岁就亲自制作完成了自己的嫁妆。李发秀的老伴儿赵永学还清楚记得俩人结婚时的情景：“当时，相亲时不见面，是看嫁衣摆针线。她的嫁妆特别多，在院子里搭了一根杆子，上面挂得满满当当，有衣服、配饰、鞋袜，都特别好看。”老赵坦言当时就动了心，虽然婚前只在领结婚证按手印时见过李发秀的一个手指头，但他已认定这个姑娘勤劳朴实、心灵手巧。老赵骄傲地说：“果然是这样。考验了快 40 年，没有看错！”

　　李发秀的绣品工作台上，红、黄、绿、蓝、桂红、紫、白等七色线整齐地摆放着，还有几幅将绣完的作品，有石榴、五瓣梅、太极图，以及一些土族的传统图案。每一幅都呈现出迷人的彩虹色，这指尖上的“彩虹”并非虚言。

　　盘绣须选用上等丝线，每种色彩的搭配要根据绣品的规格、内容而定。为

／盘绣针法／手把手／七色丝线／

／李发秀盘绣作品《太阳花》／

了绣一幅在土族传统中寓意富贵长寿的"太阳花"纹样，李发绣从深到浅配了10 多个色级的绣线。她说："只有这样才能配色协调、鲜艳夺目。"

配线就已经这么复杂了，针法却更是独特。"无论是我国其他民族，还是其他地区，至今尚未发现与土族盘绣的针法相媲美的绣品！"李发秀不无自豪地说。

土族盘绣不用棚架，而是直接用双手操作，针法是"一针两线"，即用一根绣花针和两条色彩相同的丝线，其中一条做盘线，另一条做缝线，作盘线的一根挂在右胸衣服上，作缝线的一根穿在针眼上。走针时，把盘线盘在针上，用左手大拇指压住线，用右手针缝压。盘线要严密平整，缝线要端正结实。"虽然制作起来费工费时，但绣品厚实华丽、经久耐用，可以几年甚至几十年不褪色、不松线。"李发秀巧手银针，上针盘、下针缝，不一会儿，一朵"太阳花"便美丽绽放在她手中的绣布上，一串串两毫米大小的圆圈均匀地排列在一起，像无数的葡萄串展现在布料上，朴实大气，独具神韵。

1995 年，李发秀参加了第四次世界妇女大会举办的"中国传统工艺技术女能手操作表演"活动。那时候，人们对非物质文化遗产和民间传统文化认识还不深。省里、县里选拔土族盘绣艺人参加时，好多人都觉得耽误农活不想去，而李发秀却在老伴的动员下参加了盛会。当李发秀带去的色彩艳丽的土族盘绣品出现在展台上时，吸引了来自世界各地的观众。他们在展台前驻足，赞叹不已。正是这一次活动，为"深闺"中的土族盘绣创造了走向世界舞台的机会。当时有一位叫凯洛的加拿大女士对李发秀的绣品很感兴趣，当场定制了李发秀的绣品。第二年，凯洛女士又来到中国，专程远赴青海拜访了李发秀，为即将到来的圣诞节购买了多件绣品。李发秀意识到，盘绣绣品不仅是土族人的挚爱，也深受世界人民的喜爱，这激发了她弘扬和传承土族盘绣的热情。

从此，李发秀愈发痴迷于这份手艺，做的绣品不仅数量多，而且构图、用色等方面都有了长足进步。2006 年，土族盘绣被列入第一批国家级非物质文化

/ 盛装的土族姑娘 /

遗产名录，2007年，李发秀被确定为国家级非物质文化遗产"土族盘绣"传承人。李发秀意识到，土族盘绣若想走向世界，就必须在保持民族特色的基础上大胆创新。只有得到市场认可，年轻人才愿意学习、继承盘绣手艺，这门手艺才不会失传。

"现在年纪大了，眼睛不太好。但只要看得见，就会一直绣下去。"李发秀相信，这项深植于传统的技艺终究会于风雨后见彩虹。

　　"以船为车，以楫为马，慢工细作，永不散箍。"地处长江流域水乡兴化的古镇竹泓，河流纵横水网密布，船，便是这里千百年来出行的主要工具。摇荡在水乡间小木船，在满足乡民们劳作出行之需外，又哺育了一代代以木船制作为生的手艺人，也为竹泓摇来了"造船之乡"的美誉。

永不散箍

手工木船领头雁

周永干

木船在中国的大小河湖上行驶了数千年，还曾在 600 年前载着郑和远行至非洲，造就了"不沉不散"的奇迹。在历史上，兴化曾是出海口，无船难行。宋代，竹泓镇就有了造船的手工作坊，到明清时期，竹泓木船制造已成气候。清末鼎盛之时，全镇以周、郑、陈、王、冯、崔、李等几大姓为主，近百户从事纯手工造船，并延至现今。光是周家，能查考的代表性人物就有清朝同治年间的周国贵、清朝光绪年间的周宏才、民国初期的周福友等。造船不仅仅是竹泓人养家糊口的一门手艺，由手艺孕育的民俗文化底蕴以及一代代造船人演绎的人生酸甜苦辣更是让人关注。

"钉钉钉……叭叭叭……"家传六代的造船人、国家级非遗项目兴化小木船的传承人周永干运斧挥凿，一招一式干净利落，虎虎生风，透着一股飒爽的英武劲儿。

"木船下河出海，人命关天。要想木船永不散箍，一步都不能马虎。"对于造船之道，周师傅可谓烂熟于心。从选料到断料，从分板到投船，在他的口中，一道道工序如数家珍。竹泓传统木船制造技艺由来已久，老一辈传下来的制船工序及细节从选料、配料、破板、刨板、拼板、投船、打麻、油船到下水，共9 道工序，非常讲究。

"要想船不散，投船最关键。"投船即组装，需要将中舱底板与前后隔舱板连接。"长缝不对短缝"，周师傅说，"挡浪板缝与船帮板缝要错开。"这与砌墙时让砖头"咬缝"是同一原理。用"爬头钉""扁头钉"咬紧木身，并用各种铁锔加固结合部。船体组装完成之后，为保证其安全可靠、经久耐用，还需要断漏和防腐。

生于 1964 年的周永干，16 岁师承父亲周福友，开始钉船，经手的船不下千条，老鸦船、张卡船、开泥船、鸭船、脚划子……25 岁结婚后，父亲给他分了些木料，他像两个哥哥一样独自经营，第一个订单就接下了一条 16 米长的大船。"现在看，16 米也是小船，但那时可是大得不得了，我还从来没造过这么大的船。"

客户拿来图纸后，周永干由于文化程度不高，看起来特别费劲，急得好几晚上睡不好觉。倔强的他实地调查、多方学习，和妻子加班加点研究造船方法。妻子也出生在造船世家，爷爷是有名的木匠，干起活来一般男木匠也顶不上。完工的那天深夜，夫妻俩看到对方都忍不住笑出声来。原来，两人全身上下都是木屑，像雪人一样。成功地造出了 16 米长的大船，虽然费了很大精力，却也让周永干品尝到了成功的喜悦。他认真的态度、精湛的技艺逐渐得到了大家的认可。

然而，好景不长。随着交通的快速发展，以及鱼市疲软，农用船、渔船市场渐趋饱和，加上水泥船的竞争，木船制造几乎无人问津。但机遇总是青睐有准备的人。2005 年，一张荷兰客商 170 条传统木船的订单意外地"闯入"了这个以造船为生的小镇，也给当时的竹泓木船制造业带来了新的转机。当时周永

／打麻填缝／固定船帮／

／钉船／检查挡浪板／精工细作／

/ 木船加工车间 / 摇荡在油菜花田间的小木船 /

干的手艺在镇上已经数一数二，再加上他为人善良、待人诚恳，在当地非常有口碑。于是周永干牵头，召集了村里20个造船人组成临时"小组"，一起合作接下了这笔订单。

这次契机带给周永干的不仅仅是一笔可观的收入，更是一种理念的更新。2007年3月，周永干创办了竹泓第一家正式注册的木船制造厂。"老一辈传下来的手艺要传承，也要适应性地有所创新。"周永干的创新从工具、形式等方面着手，木船厂生产制作的船只类型不再局限于农用、渔用船，而是向旅游、环卫船只方向发展，更以独特的手艺研制开发出尖头船和"龙舟"等新品种。

2008年，竹泓木船工艺成功申报国家级"非物质文化遗产项目"，给这项古老的产业带来了新的生机。船厂悄然兴起，竹泓传统技艺制作的木船已不再局限一隅，逐渐在更远更广的地域摇荡出彩，也增强了竹泓镇造船业未来发展的信心。

2009年4月，周永干被国家授予第三批"国家级非遗木船制造传承人"，还被推选为"竹泓镇木船制造协会会长"。他成为竹泓造船行业的领头雁，这是一份荣誉，也给他带来了更大的责任。在木船制造上，周永干对自己及工人有了更为严苛的要求，在质量上严格把关；在营销方式上，他自学网络知识，建起了网站，拥有了自己的外贸平台、淘宝店面；在技艺保护中，担任镇木船制造协会会长的他，尽心尽力地出谋划策、解决问题，收徒授艺，传承创新，担当起促进竹泓木船制造文化保护、传承与发展的责任。

"既然身为传统工艺的传承人，那么就不能将自己的手艺丢掉。我需要赚钱，但是更需要将手艺传承下去。"周永干的身上有着水乡汉子的坚韧、执着，最重要的是，他的心里始终拥有一份对木船制作传统工艺的虔诚。

　　"毛颖之技甲天下""千万毛中选一毫"，文房四宝中，向来有"笔墨纸砚"之序，之所以把笔放在首位，皆因制笔太难。毛笔中的佼佼者"湖笔"，即湖州毛笔，一直保持着纯手工制作，以制作精良、品质优异而享誉海内外。

毛颖之技

湖笔巧匠

罗松泉

"湖州出名笔，工遍海内，制笔者皆湖人，其地名善琏村"，明代《湖州府志》这样记载。

离苏杭都不远的湖州善琏镇，是湖笔的发源地。善琏有座蒙公祠，祠内供奉着笔祖蒙恬，记录着湖笔的由来。相传，秦国大将蒙恬"用枯木为管，鹿毛为柱，羊毛为被（外衣）"，制作了毛笔，后蒙恬退居于湖州善琏，改良毛笔，采兔羊之毫，"纳颖于管"，制成了后人所称的"湖笔"。

善琏制笔业的发展得益于当地得天独厚的地理优势和人文环境。取杭嘉湖一带的山羊毛做笔头，余杭一带的山竹做笔杆，十分便捷，质量也有保证。南宋时，政治、文化中心南移，使邻近京都临安（今杭州）的湖州制笔业逐渐兴盛，成为全国毛笔制作业中心。在宋、元书画技艺发展的推动下，湖笔工艺也不断改进。在善琏，随处可见"笔都""笔艺""笔斋""湖笔"等字眼，就连大路上的招牌也是"湖笔小镇欢迎您"。

/挑毛/水盆/扎毫/

/结头/蒲墩/装套/

善琏湖笔厂是制笔历史最悠久的湖笔老厂。院中间的一栋旧式小二楼的阳台上，几十个圆竹棚一字排开，每个竹棚里都晒满了毛绒疙瘩。一上楼梯就看见门头小木牌上写着"水盆车间"。

宽敞的车间里，从事"水盆"的几乎全是女工，每个人面前都整齐地放着一排排木盆，以及十来样工具，有对贴板、附笔板、牛骨梳、刻板、纸垫、梳瓦、挖刀……它们大多已存在百年，储存了几代人的手温。

一支湖笔从原料进口到出厂，一般需要经过择料、水盆、结头、装套、蒲墩、镶嵌、择笔、刻字等12道大工序，其中又可细分为120多道小工序。在众多工序中，以择料、水盆、结头、择笔四道工序要求最高，最为讲究。"毛笔一把毛，神仙摸不着。"

就拿羊毫笔的制作来说，要求每根毛一样长一样直，而且一样粗细。姑娘们一手拿着角梳，一手攥着脱脂过的毛料，在水盆中反复梳洗，逐根挑选，将毛料一丝一丝抽出，沿着齐板边线整齐地排列。

这道工序叫水盆，也叫水作工。笔工的任务就是将浸在水盆中的笔毛理顺，整理成半成品的笔头。水盆是湖笔制作中最复杂、最关键的一道工序，通过这道工序，那些支棱着的、滋出来的不好的毛被挑拣了出来。

"毫虽轻，功甚重。"制笔技艺的精细和复杂，这是一点也不夸张的。隔壁的择笔车间同样是一字排开的工作场所，却以老手艺人居多，这一下子就让人感觉到了湖笔技艺的厚重气息。罗松泉老师傅年已近七十，却是精神矍铄。

"一个小小的笔头，要用约一万根毛，那都是一根一根地挑出来的"罗师傅说。如果毛挑不好，就会在书写的时候出现分叉的现象，很是影响书写效果。择笔，其实就是在笔头装套基本成型的基础上分拣毫毛，把不好的毛，也就是曲而不直的，或者是没有锋的，或者是一根毛中粗细不均匀的给择出去。所以，择笔是整个制笔工艺中最为刻薄、刁钻的一个环节，需要最精巧的技艺，堪称制笔的重中之重。

罗师傅戴着老花镜，静静端坐工作台前，如同雕塑般，若不细看，根本发现不了他指尖轻微地择笔动作。原来，这道工序对于坐姿也有特殊的要求。罗师傅说，择笔宜侧身而坐，身朝南而面稍偏东，处于自然光线的照射下。因为毛毫的锋颖只有在自然光线下才能达到清晰的最佳可视效果。

罗师傅说："挑选羊毫最费眼力。制作好的羊毫笔，一般一位师傅，一天能挑出一个笔头用量就算不错的了。"罗师傅左手持笔杆，右手指尖灵巧地滑动，长短不一的羊毫根根入目。他紧盯着灯光下几乎呈纯白色的羊毛，瞅准不透明的，择笔刀轻巧地一夹、一抽，极细的羊毛便脱离队伍，被清除出去。

"肩架齐，黑子明"，这是罗松泉师傅始终坚守的制笔心法。"黑子"是指笔头尖端最终留下一段透亮的锋颖。一支笔要反反复复择3次毛，做出来的笔头锋颖才能清晰、整齐、无杂毛。

罗松泉师傅现在差不多是湖笔厂最老的手艺人了。他说："制笔过程中，一个动作往往要重复数百遍。制作工序繁琐，不仅要熟能生巧，还需要悟性。毛笔学徒通常入行数年才有望出师。也不知是几代人了，做笔就是我对整个家族和整个地区的印象。从记事起，就看着爷爷奶奶和爸爸妈妈起早贪黑地不停做毛笔。"小时候，罗松泉经常看奶奶选料、择笔。上了几年学后，他就开始跟随家人学习制笔。自身的天赋再加上从小受到长辈的熏陶，几年时间，他已经将择笔技艺练得非常纯熟。罗师傅做出来的笔头锋颖清晰，顶口齐，无杂毛和废笔，笔身光、白、圆、直。

"一定要按传统的工艺流程来。只有功夫、精力到了，做出来的东西才是好东西。"

/ 善琏湖笔 老手艺人罗松泉 / 水盆女工 /

　　一把油纸伞，一段古老的浪漫，浸满了江南的温情和味道，复古、怀旧又神秘，给人以无限的遐想。"景德镇的瓷器、甲路的伞、杭州的丝绸不用拣"，江南的油纸伞以婺源甲路纸伞最负盛名。

风雨桐香

戴根盛　油纸伞制作传承人

　　婺源纸伞制作历史悠久，相传起源于南宋时期，在康熙甲戌年还被列入《婺源县志·货属篇》。传说，有一次康熙皇帝微服私访江南，对甲路伞盛赞有加，"甲路伞，甲天下"便在大江南北传开了。甲路伞随着徽商的足迹遍布长江流域，漂洋过海。发展到清末民初，甲路纸伞产业已经非常成熟。那时的甲路，制伞店铺多达 36 家。1936 年，甲路纸伞入选国际产品博览会并获得金奖，后来在各种大赛中频频露脸并屡屡获奖。据史料记载，1943 年，甲路纸伞的年产量达25.2 万余把，畅销全国各地及海外。

　　一把小小的甲路伞古朴、轻巧，看似简单，制作却是件不容易的事。戴根盛，甲路纸伞厂的掌门人，也是这门技艺的省级非遗传承人。他介绍说，甲路纸伞的制作工艺流程极为复杂，全为手工。一把好伞的基础是一个结实的伞骨。"削伞骨"，简单的 3 个字，却是一把油纸伞的根本，光是这个过程，就包括了几十道工序。"我们的甲路伞选的是本地 3 年以上长在向阳处的竹子，有弹性，还不易折断，这是别的地方没法比的。"戴根盛说。

一把伞上，伞键是控制开合的关键零件，是不是要用弹簧等金属配件？戴根盛呵呵一笑道："雨伞长年要雨淋水浸，金属材料极易生锈，很不经用，而竹子天生具有坚韧、耐腐而又极富弹性，所以咱这油纸伞的伞架用的都是竹子"。伞键相当于油纸伞的开关，同时也用来支撑整个伞骨和伞面的重量，而且要保证多次使用而不损坏，所以伞键的制作是油纸伞制作中最精巧的部分。一个老师傅在伞柄的特定位置开一个长方形的槽，根据槽的大小，拿起一片宽 2 厘米长约 10 厘米的竹片，将一头削成一个斜角，斜插入伞柄的长槽中，再用蔑刀简单整修几下，一个弹跳自如的伞键就安装完毕了。

"四宝之首浸不湿，连天水中行小亭"，这则谜语扣住了油纸伞的特点。早在 1000 多年以前，桐油就被用于制作油纸伞，油纸伞也正是因此而得名。上油是一道非常重要的工序。纸面只有涂上特殊配方的桐油后，才会变得柔韧、耐磨、防水，否则即使前面的每一道工序都不出差错，也只能是前功尽弃，白忙活。

"工序七十二道半，搬进搬出不肖算。"一把油纸伞从最初的选料开始，经过削伞架、上伞杆、打小孔、装伞键、绕伞圈、裱伞纸、糊伞边、收伞卷、画伞、刷桐油、穿伞线……才完成成品。这样制作的桐油伞能支撑上千次，经受 5 级大风，不论日晒雨淋，都不破裂、不褪色、不变形、不漏水。

今天的甲路油纸伞是江西省非物质文化遗产项目，在戴根盛的努力下，重新打响了"天下第一伞"的名号。然而，千年的手艺能传承到今天，并非易事。20 世纪 80 年代末，在婺源企业办工作的戴根盛发现，甲路油纸伞由于做工较繁杂，价格相对较高，正面临着被市场淘汰的危险。原来到处都有的油纸伞作坊在慢慢消失。戴根盛思前想后，向乡里借了 5000 元启动资金进行油纸伞产业复兴试验。

"当时的 5000 元可是巨款啊，我一个月的工资才 40 元左右。一旦失败，我要 10 年才能还清这笔债。"戴根盛拿到 5000 元启动资金后，立即组织了 4

/ 包伞头 / 绕伞圈 /

/ 糊伞边 / 穿伞线 /

/ 制伞之美 / 纸伞风情 /

名老手艺人，日夜加班赶制了 500 把伞。然后，几人肩挑背扛，辗转乘车，将纸伞运到杭州。有个带学生在伞厂实习过的浙江美术学院老师把他们介绍到苏东坡纪念馆。纪念馆商店同意将油纸伞放在店内代销，让他们回家等消息。没想到，一个多月后，对方打电话来说要进货。杭州的市场就这样慢慢打开了。戴根盛如释重负。此后，他又带着员工转战苏州等旅游城市，销售范围逐渐扩大。

2003 年，突如其来的"非典"又让刚刚好转的企业陷入困境。朋友们劝他赶紧转行，建宾馆搞旅游，既轻松来钱又快。戴根盛思考再三，公司一旦关门，刚刚辛苦培养起来的年轻制伞师傅们就会转行扔掉手艺，近千年历史的油纸伞制作技艺有可能在甲路、在婺源彻底失传，那样的损失是无法用金钱衡量的。于是，他咬着牙，迎难而上，在市场低迷的情况下，借贷几十万元，生产不忙时就专心扩建厂房，并利用空闲时间与员工们创新油纸伞制作技艺。他坚信，人们的审美需求会越来越高，油纸伞一定会迎来持久的市场生命力。

如今，甲路纸伞厂产量达 30 多万把，产值超过 300 万元。在各种展会和评奖中，甲路油纸伞收获了大量的好评，就连著名的奢侈品牌古驰 GUCCI 也慕名前来订制专属的高档手工油纸伞。"事业的成功固然可喜，但是最让人感到高兴的还是甲路纸伞这一宝贵的传统工艺能够传承下去，发扬光大，永远惠泽后人。"戴根盛说。

　　徽墨，因产于古徽州府的绩溪、屯溪、歙县而得名。在安徽绩溪县上庄老胡开文墨厂，徽墨制作繁复的工艺流程依然完整保留。"龙麝黄金皆不贵，墨工汗水是精魂"，徽墨传承的背后是墨魂铸造的匠人的坚持，是他们用黝黑粗糙的双手演绎着一支墨锭的诞生！

千锤万杵

徽墨制作老匠人

董玉安

"拈来轻、嗅来馨、磨来清、研无声",落纸如漆,万古存真。徽墨始于唐、兴于宋、盛于明清,已有1200多年历史,是历朝历代文人墨客和收藏家的心爱之物。徽墨的兴盛,一方面是因徽州地区生态环境好,有上好物料;另一方面,徽商在明清两代的崛起也帮助徽墨走向了全国和东亚各国。

绩溪有着"中国徽墨之乡"的美誉,上庄镇地处徽州腹地的绩溪,很早以前就是徽墨的重要产地。清代徽墨大家胡开文,近代影响最大的一位制墨大师,就是上庄人。今天的"老胡开文"墨厂,精制的徽墨产品继续守护着传统的制墨古法,继承着先人的智慧。"迎客松""天开文运""大好山水"等松烟墨、油烟墨、礼品墨,数个种类百十多个品种,不仅色泽黑润,细腻生光,芳香浓郁,而且造型讲究,兼具图文妙、描饰美、内韵雅,集书、诗、画于一体,可谓"方寸之间,景象万千"。

制墨车间内,董玉安师傅从锅里的热气蒸腾中揪出一大团和好的墨泥,放在浸透墨色的木墩上，开始用锤子反复锤打，并不时用铲子翻搅着锤打过的泥饼。他已年过60，然而锤墨的动作却娴熟麻利，干净利索。加热过的墨泥冒着淡淡的热气，黑亮软溜，董师傅有节奏地抡着方形铁锤，对着柔软的墨泥不停地捶打，发出了沉闷的撞击声。董师傅说，这些墨泥要经过千杵万揉，充分捶打，因为它们都是用天然的胶合成的，只有这样，才能让各种原材料充分混合。经过董师傅千锤百炼的墨团，如同触动婴儿的肌肤，光滑均匀、细腻发亮。

"制墨可是个体力活啊！"董玉安师傅朴实内敛，地道的绩溪口音虽然有些难懂，但却处处透着对徽墨的喜爱，"墨泥就是徽墨的魂，别小看这一团泥，来得可是不容易！"董师傅用浸透了墨油的抹布擦了擦砧板，指了指已经蒸透了的"墨胚"，娓娓道出了这团泥里凝结的徽墨的精妙。原来，古法制墨第一步先要炼烟，覆碗收烟，集烟制墨，墨胚的原料加工工序非常复杂。炼烟需要在一间高温烟房里，且要完全封闭。桐油灯被一盏盏点起，在上面覆盖一只只大大的瓷碗，袅袅飞烟把罩盖碗熏得墨黑，薄薄的粉末就沉淀在上面。匠人穿梭于高温烟房中，不停地拨灯芯、添油和扫烟，挥汗如雨，可谓是一门苦差事。"烟房点烟实难熬，赤身喘气入阴槽。熬尽灯油沥尽胆，留取乌金千秋照。"董师傅口中的民谣道出了墨烟的来之不易。有了烟灰还不行，董师傅说，黏合还需要上好的胶，最常用的就是用牛骨头、猪骨头熬的胶油，最高级的油烟墨里放的是阿胶，还有各种中药材，如麝香、丁香、金箔、冰片、珍珠粉等珍贵材料，真正是"一两徽墨一两金"！

董师傅锤打过的墨泥就像被和过的面，变得特别"筋道"，柔软却不易拉断。接着，他开始制墨了，只见一团墨泥被他麻利地从上揪下一小团，精准地放到秤上称重后，又在桌台上搓成圆条，然后趁热放入扣在一起的木制墨模槽里，使劲用两手的拇指压实，把模板扣上。不一会儿，七八个模具便一一被填上墨泥。董师傅把装好墨的模具放在身后的杠杆板凳上，猛然坐到长木凳一端，利用杠杆原理，使劲将墨压制进模具。"这还不能动，还要等一等。墨条的温度

/ 覆碗收烟 / 捶泥 /

/ 入模 / 描金 /

/ 匠心徽墨 /

冷却下来，墨条的硬度才能保证。"放了一会儿后，董师傅打开模具，一一取出其中的墨条，再用剪刀进行修边，一支支刻着"紫玉光""金不换""丹凤朝阳"等字样的墨锭就成型了。

　　不大一会儿，董师傅的手上那一大团墨泥就变成了一个个墨条。这只是徽墨成形的开始，董师傅说，还要经历大约半年时间的阴晾，墨条才能够真正使用。在描金车间里，女工们给在完成了漫长的阴晾后的墨块着装——描金。至此，历经点烟、和料、烘蒸、杵捣、揉搓、入模、晾墨、描金等一系列繁复的工序，徽墨终于做好了。一锭锭徽墨，丰肌腻理，光泽如漆。制墨匠人把智慧与心血凝结进每一道沿袭古法的工序中，每一块质量上乘的徽墨都承载着制墨匠人执着的人生历练。

"我这一辈子都在同墨打交道，这是我的招牌！"董师傅的双手满是墨黑。他出生在 1957 年，家里祖传做墨，十几岁就跟着长辈学习，与墨结下了不解之缘。"要能吃苦耐劳，爱这一行才能做，不然的话是干不下去的。虽然这活儿又脏又累，可是能学到技艺，越做越喜爱，所以就坚持干下来了。"

"墨大家都能做，但要做好墨，要把心投进去才能行。"董师傅说，即使手艺再好再高，如果不用心去做，也达不到好的效果。制墨时，再苦再累也不可少砸一锤，要不墨的黏性保证不了；晾墨时，只要有风，一定要随时翻晒，要不将来墨条会变形，外形就会走样，不好看。手工制墨工序复杂，没有别的捷径好走，每道工序都要求严格，稍有不慎，就可能导致制出的墨锭质地不佳。做得不好的墨，压成形后开始是看不出来的，而经过几个月晾干后就开裂了。即使成品后给人看起来品相很好的墨，也要耐得住时间的打磨，一锭好墨，真正检验它的效果的，只有漫长的历史，所以，必须要凭良心去做。"我们做工匠，就是认真两字。把手艺学好了，对自己一辈子的生活都会有好处的。"虽然只是一个普通的徽墨工匠，但是董师傅真心喜欢这份技艺。这些徽墨的古法技艺是好多代人的智慧积累，是历史沉淀下来的东西，他感觉自己有责任把它传承下去：既然吃这碗饭，最起码要上对得起祖宗，下要对得起后代。

"人磨墨，墨磨人，制墨是文活也是武活。只有静得下心，才做得了墨。只有把性子磨慢了，才能做出好墨！"小小的墨块看似轻巧，实则包含了太多匠人的辛苦。董师傅的眼神透着执着和坚定，浓浓的乡音道出了浓浓的徽墨情怀，亲身感受一位老墨人对徽墨情有独钟的心路历程，更叫人深刻体会到令人敬佩的徽州工匠精神。

　　翩翩起舞的手推燕车、惟妙惟肖的高低棒人、溜溜旋转的木陀螺、哗啦作响的木棒槌……被称为"耍货"的木旋乡土玩具曾伴随着数代人成长，为他们的童年带来了无穷的乐趣。

点木成金

木旋玩具传承人 樊继美

"樊埝村，靠沂河，家家户户做耍货。"

"木旋玩具之乡"山东郯城樊埝村坐落在美丽的沂河边。明朝成化年间（1465 ～ 1487 年），樊氏始祖樊木从江苏赣榆逃荒行至沂水河畔做木匠，逐渐摸索出一套制作木旋玩具的技艺，到樊继美这一代，这门手艺传承已有 600 多年。

樊埝村所在的郯城历史非常悠久，早在商代就建立了郯国。韩愈的《师说》有句话是"孔子师郯子……"，郯子指的是春秋时郯国国君。郯子仁爱亲民，在百姓中有很高的威望。木旋玩具"高低棒人"高者为男，矮者为女，原型是郯国国君与王后。"哗啦棒槌"的造型多样，儿童拿着一摇晃就会发出"哗啦哗啦"的响声。元代戏曲家关汉卿创作的戏剧《窦娥冤》妇孺皆知，而故事原型就是《列女传》中的《东海孝妇》。在郯城县城东外环路旁，至今完好保存着西汉年间东海孝妇冢。哗啦棒槌就源于东海孝妇的故事，传说当年故事中的于公就是一路摇着葫芦做的棒槌进京告状，终使孝女冤案昭雪。

/ 樊继美 郯城木旋玩具传承人 /

　　樊继美家的院子虽说不小，却几乎让人无处下脚，除了房子，半边院子都加盖了顶篷，成为工作车间，几台木旋机床及各种机器占据了不少空间，随处可见堆得满满当当的原材料、半成品，还有就是满地刨花皮和木屑。除了院子里的木旋车间，最大的一间屋子是组装和彩绘车间，墙柜里、桌子上到处都摆满了各式木旋玩具。他们加工生产的木旋玩具已形成十大类600多个花色品种，不仅有传统产品哗啦棒槌、虎头棒槌、高低棒棒人、燕车、大刀、宝剑等款式，还有创新产品京剧脸谱、胡桃人、小火车、火箭、智力拼盘等，就像一个动漫世界。

　　樊师傅眉飞色舞地说起他的"要货"：所有制作旋木玩具所用的原料、工具全都是自产、自制。原来，每一件木旋玩具的制作过程都要经过备料、风干、下料、车型、披灰、砂光、彩绘（上色）、打眼和组装9道工序。制作木旋玩具，先是要准备原料"刮树皮"，然后在旋床上把木头旋成各种毛坯。做不同的木

/ 旋木 / 打磨 /

/ 画花 / 组装 /

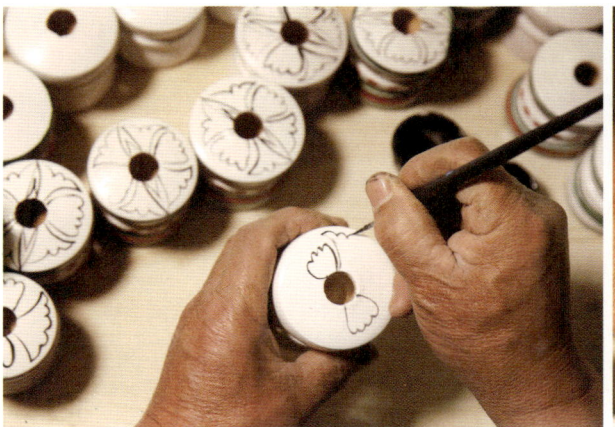 

旋玩具，有不同的毛坯，如做棒棒人就分两部分——身子和头，做燕车部件就比较多了，车把是一部分，车轮是一部分，车板又是一部分。

毛坯做好后，就开始上颜色。首先是打底，也叫"上粉子"，即在木头表面涂一层滑石粉和水胶混合的粉子，这样做的目的是为了上色的时候能比较均匀，待晾干后再在上面上颜色。传统的木旋玩具常用的颜色为桃红、草绿、艳黄等艳丽的颜色，根据不同类型玩具绘以各种花卉、动物等适合纹样，极具乡土气息和地方特色，包含着人们希望，孩童长命百岁、平安成长、吉祥如意等美好的寓意。上好颜色后，再放到太阳下晾干。至此，整个制作过程就算完成了。

"家家旋车响，户户彩绘忙"，在樊师傅的记忆中，从他懂事起，村里人就一直在做木旋玩具。从六七岁开始，樊继美就跟着爷爷和父亲学做木旋玩具。1977 年，樊继美从部队退伍回到村里，又重操玩具制造的旧业。

当时，樊埝村制作木旋玩具都是家庭式的手工作坊，产量不大。1985 年，由樊继美牵头，樊埝村成立了"木旋制品研究开发中心"，专门研发木旋制品。紧接着，懂技术的樊继美被聘为刚成立的乡工艺礼品厂厂长。樊继美将制作玩具的主要工具"旋床"，从最初的祖辈根据木匠用的手拉钻的原理制作的脚蹬旋床，改造为工业用铁制机械车床，极大地提高了生产效率。此外，又淘汰了原来的劣质颜料，使木旋玩具受到了更多人的喜爱。

1987 年，美国一家工艺品商送来一件"胡桃武士"的样品，希望能定制。樊继美连夜攻关，做出了第一个"中西合璧"的木旋"胡桃人"。客人非常满意，大批的订单随之而来。樊继美除了带领工艺厂满负荷开工外，还把村里所有做玩具的人家都组织起来，各家各户开始流水作业。第二年，村里就用挣来的钱翻修了学校，还有好多人家盖起了新房。

郯城木旋玩具的名气越传越远。在 1989 年的广交会上，有一位美国客商一次性下了 300 万元的订单，此后，经常有国内外的客户拿着样本过来。郯城木旋玩具随之畅销日本、德国、美国等 10 多个国家和地区。

/ 郯城木旋玩具 /

然而，到 20 世纪 90 年代后期，随着电动玩具不断进入市场，郯城木旋玩具受到了冲击，市场严重萎缩，工艺礼品厂陷入困境，樊继美只能无奈离开。不甘心放弃的樊继美又在家里筹备生产木旋玩具。"祖祖辈辈传下来的手艺不能毁在我们这一代人手里。木旋玩具没有问题，问题是我们的工艺跟不上时代步伐了，必须改进技术，创新品种，重回玩具市场。"

在樊继美的努力下，2009 年木旋玩具被列入山东省非物质文化遗产保护项目，2014 年列入第四批国家级非物质文化遗产名录。为了传承这门古老的手艺，樊继美在村里创办了"郯城木旋玩具传习所"，带领樊埝村的手艺人们积极传承和发展木旋玩具技艺，不断开发新品种，使这一古老的技艺历久弥新。

　　繁华的北京城里，至今还留有着唯一一家，也是最后一家修笔店——位于东四南大街102号的广义修笔店。旋转钢笔帽，打开墨水瓶盖，吸一下墨水……如此熟悉的一切在这里一遍遍重复，几十年来几乎从未停歇。"半厘小肆客争临，笔好人诚惬众心，若问缘何常灿烂，只因骨内有真金。"文物学者王世襄曾这样赞誉这家小店。

匠心笔魂

张广义 —— 京城最后的修笔人

"上衣口袋里别着一根钢笔的，是小学生；别着两根钢笔的，是中学生；别着三根钢笔的，是大学生。要是别着五根钢笔的呢？——那是修钢笔的。"当年，相声大师侯宝林的相声段子正是钢笔盛行时代的夸张写照。如今，键盘、触摸屏替代了手写文字的钢笔，修钢笔的店铺和匠人也难寻觅了。

推开"广义修笔店"店门那一刻，仿佛时空穿越一般，门外是车水马龙的花花世界，门内却是另一番韵味。不到10平米的店面略显局促，老式的柜台、老式的工作台仿佛与老店融合在一起。用了近百年的小电灯照亮着一方桌面，用来刻螺旋纹和磨笔尖的老机器也端正地摆在工作台上。笔筒里迷你小锤、放大镜等工具插着满满当当。微弱的灯光中，一位慈祥的老人正静静地坐在灯下，细细地端详着手中的物件。这就是京城里修了60多年钢笔的最后一位修笔匠，人称"钢笔张"的张广义师傅。

一位中年人走进来，是约好的顾客。"大爷，您给看看这支笔。前几天不

/ 京城最后的修笔人张广义 /

小心把笔尖给摔弯了。"老人小心接过笔，从桌上拿起褪了色的放大镜，盯着笔尖看了两三秒，又用手指肚反复摩挲笔尖——这是长久的习惯，就像给病人把脉。随后垫上绒布，拿着钳口包了保护层的尖嘴钳子，开始正笔尖。

"正笔尖儿靠的是巧劲，力气大了容易把笔尖掰断，小了会掰不齐。"老人家聚精会神修笔的神态不亚于高级修表中心的技师们修表时的细致程度。细细拧了 20 多分钟，笔尖终于被仔细审核为"端正"。拿起刚修好的笔在纸上划了划，流畅如初。中年人也试了试，说道："真的和原来用的感觉一样。太谢谢您了！"

张广义老人 17 岁时，为了谋生和父亲一起卖钢笔。"很多时候，顾客拿来钢笔，说是笔尖摔坏了，或是笔杆断了，扔掉又觉得很可惜。"于是，他就顺手帮人修笔，渐渐地对修笔产生了兴趣。修笔这事没有教材，也没有老师，他

/ 校尖 / 磨尖 /

/ 时光老店 /

/ 岁月留白 /

就自己琢磨着一点点边干边学。过手的钢笔多，张广义渐渐无师自通，还自己制作了一些修笔工具和配件。慢慢地，他发现钢笔好用不好用全在笔尖，于是在笔尖上花的功夫越来越多。经他手打磨过的笔尖比新买的还好用，有些顾客买了新笔也先跑到张广义这里磨磨，"钢笔张"的名号就这么叫响了。"说实在的，我就是打心底里爱这个。父亲就说，你爱干什么就干什么，真想干，你就得研究透了，干一辈子。一开始就是边玩边学，当个玩意儿，后来越学越喜欢，入迷了一辈子。"年近90岁的张广义老人嘴里念叨着。

最让他自豪的是当年的绝活"点尖儿"。钢笔头上有个比小米粒还小的圆珠，如果圆珠掉了，钢笔就不能用了。所谓"点尖儿"，就是把掉了的圆珠重新粘到笔尖上，然后在圆珠上开出缝，才算大功告成。"我当年完全是手工电弧焊，为了焊得恰到好处，从来不戴护目镜，火苗烤眼睛，伤得很厉害。"这道工艺在笔厂里都是用激光加工，可张广义全是手工操作。

曾有一位顾客有支近 5000 元的名笔笔尖圆珠坏了，拿到专卖店去，人家告诉他，这样的损坏已经不能修了，得到国外的总部去调笔尖来，时间大概要半年，换一个笔尖的费用是 800 元。后来，顾客打听到张广义的修笔店，张师傅重新点了尖儿修好了，总共就收了几十元。

说到这些时，老人有些落寞。如今没人点尖了，就算是有人要点尖儿，他也接不了了。"我手抖，眼神也不好了。"在 30 多年前，点金尖是他脱颖于京城 30 多家修笔店的资本。如今，这门手艺已经消失了。

张广义老人从事修笔，到今天，修好的钢笔超过 50 万支。小小的店堂内，挂满墙面的顾客墨宝和不同年代的劳模奖状是对老人精湛技艺和热情服务的最好褒奖。几面"信得过个体户"的奖状锦旗，吊穗已从黄变黑，落款还停留在二三十年前。一些纸张泛黄的奖状及刊登老人事迹的报纸也显得斑驳不堪，还有一些名人题词间杂其间。最显眼的是一幅"笔魂"的横幅，这两个字可以说是老人一生匠人精神的写照。

"每个来我店里的顾客，我都一样对待，谁来了也都要认真修。过去人们用钢笔多，一些文化名人用钢笔写文章，笔出了故障，找我修，修的次数多了，会送我字画，我才知道人家是名人。把他们赠的字画挂起来，是表示我对他们的敬重，可不是为了显摆。还有些媒体报道说某某外国政要在中国当大使时来过我这小店修笔。我记不清也分不清谁是谁。在我的眼中，他们就是来我这儿修笔的外国顾客。"

现代化的今天，时代的脚步匆匆，不知何时，一个个历史的符号和记忆就会消失殆尽。真希望这古朴的老店一如往昔，这种匠人精神能够永远传承下去！

叁

指尖上的美味

　　在滇藏交界处、昔日的茶马古道上，澜沧江江边的一道深谷拐弯里，隐藏着一处以产盐而闻名的千年古盐田。得益于大自然恩赐的卤泉，盐田1300多年来一直延续着传统的晒盐工艺。江边岩壁上密密麻麻的木质盐架，劳作中影影绰绰的晒盐女身影，还有她们固守着千年的传统晒盐工艺，成就了一道愈久弥新的人文风景线。

千年余味

晒盐女

次仁玉珍

　　芒康盐井乡是茶马古道的一个重要驿站，也是滇藏公路入藏后的第一镇。在茶马互市的年代，盐井因其传统制盐术和井盐而出名，是藏区有名的富庶之地。盐巴作为一种生活必需品，对于生活在大香格里拉地区的居民来说，和酥油茶、糌粑一样不可或缺。历史上，这里曾多次为争夺盐而引发战争。相传，格萨尔王与纳西木干王就曾为争夺盐井发生过羌岭之战。

　　古盐田集中分布在一段2000米长的S形峡谷之中，东岸是上、下盐井村，西岸叫加达村。远远望去，陡峭的山崖上，密密麻麻地竖着上万根大头架子，支撑着无数块紧密相连的方形顶棚，层层叠叠。从高处俯瞰，盐田依着河谷山势的大曲线，呈棋盘状整齐排列着，犹如一面面镜子，波光粼粼，随着角度的变化，倒映出蓝天、白云和山峦，呈现出五彩斑斓的色块。勤劳的晒盐女零星地散落在这巨大的方格中，人影和倒影成双而动，形成了美不胜收的时空画卷。

　　36岁的加达村村民次仁玉珍弯着腰，弓着背，赤脚踩在绛红色的顶棚上，

/ 壮观的盐田 /

用小木板刮取颗粒。强烈的阳光在她的脸上过早地刻上了岁月的痕迹。在盐井，制盐的工作一直都是由女人们来完成的。每到清晨时分，井里的卤水最为充盈，盐井的女人早早就带着简单的干粮，赶到盐田，开始一天的劳作。

一到这时候，次仁玉珍身体里的那只闹钟就响了，知道什么时候应该起床。每天，她先把卤水汲上来，注入盐田，让卤水经过风吹日晒自然浓缩。晒好后，盐台上就凝结了一层厚厚的结晶体，然后用木刮刀轻轻刮拢这层晶体，再装到竹背篓里沥干水分，她们就这样得到了大自然馈赠的财富——盐。盐井这种原始的手工制盐技艺是从唐朝流传下来的，是迄今发现的全国乃至世界上独一无二的晒盐技艺，不仅生产工具原始，制作过程也是最原始的，属于纯天然风干。盐井人直到今天依然遵守着世代传承的劳作方式。对他们来说，这种传承不仅是对制盐工艺的尊重，也是对祖辈的尊重。

玉珍说，在他们加达村，约有100多户村民都从事古老的制盐产业，平均每户能年产出3万多斤盐。

/ 加卤水 / 收盐 /

/ 卤水池 /

　　盐台上有竖着的电线架和地上抽水用的水管，这是现代文明在这里的融入。"从 2013 年开始，抽卤水用上了水泵，让我们告别了从盐水井里背水的历史"，次仁玉珍讲起了晒盐女们背卤水的艰难，"卤水桶有 1 米多高，我们背着桶下到井里后，先舀起半桶水，再用桦树皮做的瓢把卤水加满，一小块垫子垫在腰上，一根带子勒在肩头，背起五六十斤的木桶就往上走。就这样，每天来回要背 50 趟 ~ 100 趟。"日复一日、年复一年，背水、晒盐、打盐、扫盐、收盐，以纯朴的方式，续写着盐田的历史。

　　次仁玉珍用木板仔细刮着盐田里结出的盐粒，然后把它们撮到竹笸箩里。夕阳下的余晖映红了片片盐田，也映红了晒盐女的脸。看着一片片白花花的盐粒，她直了直腰，脸上露出了满足的笑容。平均每块盐田一次能晒出大约 20 多元钱的盐巴。盐又分成好几等，头道晒出来的盐白而品质好，是供人食用的，能卖到八九角一斤，剩下的二道盐、三道盐一般是喂牲口用，每斤只值四五角。次仁玉珍有 40 块盐田，一年能晒出近万公斤的盐，收入七八千元。

每天一大早，次仁玉珍就要来盐田里劳作。春夏太阳光强，可这是最好的晒盐季节，她要顶着毒辣的日头加紧晾晒；7 月雨季到来，可以休息了，但是上涨的江水也会带来另一场苦难。去年的雨季结束后，她的三块盐田和储卤水池就被冲坏了，光维修就花了一个月的时间，而别人早在一个月前就开始收盐了。到了秋冬，天气凉了，盐水温度更低，出盐时间需要多花一倍，但次仁玉珍也舍不得休息，站在冰凉的水里继续操劳。老人们年老干不动了，孩子们要上学，也帮不上忙，全部的晒盐任务都落在了她一个人身上。常年的背负重物、弯腰劳作，她的身体受到了很大的伤害。玉珍感叹说，生在盐井的女人，从小就把晒盐当成自己的生活，祖祖辈辈都是靠晒盐度日。她们这一代人，小时候都不上学读书，十几岁就跟着妈妈下盐田。玉珍晒盐已经 20 多年了，每天就这样怀着对收成的希冀，担着卤水，一步一个脚印，来来回回忙碌着。

"现在的生活比以前可好多了。"以前盐民真是又穷又苦。有种说法叫"盐民无盐"，因为过去盐田都是领主的，盐农向领主租用盐田，大部分收成都要交给领主，剩下的还要交各种苛捐杂税，辛苦一年却难以糊口。现在盐田是承包制，每家盐农生产的盐自己销售，不用交税。特别是最近几年，千年盐田成为国家级的非物质文化遗产，政府给予了各种扶持。玉珍家就因为离盐田近，又新盖了房子，享受政府补贴，开起了农家乐。次仁玉珍有两个孩子，她不想像老辈人那样把孩子带到盐田劳动，而是希望他们念好书，将来上大学……

"只要盐井还在冒出温热苦咸的卤水，我就要珍惜这大地的馈赠。"对于普通人，盐是生活的调料，而对于晒盐人，盐就是生活本身。

　　平定县的后沟、河头两村从明洪武年间就掌握了用煤火烤制黄瓜干的制作工艺。用来制作黄瓜干的"平定黄瓜"外表光滑无刺，色泽纯绿，肉厚瓤少。平定黄瓜干由于口味独特，清朝时被定为皇室贡品，享有"龙筋"之誉。

龙筋古味

黄瓜干制作人

郄孔林

走进河头村，农家的房前屋后到处都是人，围坐一起运黄瓜、洗黄瓜、做黄瓜干，空气中弥漫着一种特有的香气。削瓜皮的"噌噌"声，还有呼老婆、唤孩子的声音，交织成一曲轻快的夏日乡村交响曲。

村里的老手艺人郄孔林，做黄瓜干近 30 年了。听郄师傅用地道的平定话说做黄瓜干的工序特有意思，在他的口中，黄瓜干被亲切地简称为"干儿"，制作工序也就成了"刮干儿""破干儿""上干儿""干干儿""装干儿""卖干儿"，最后当然是"吃干儿"。

"刮干儿""破干儿"是烤制黄瓜干前的准备工作，由老伴儿和二媳妇带领孩子们忙活。"刮干儿"，其实就是刮皮。刮子初看和家庭常用的刮皮器一样，但细看之下刮子的缝很窄，这样刮掉的皮比较薄。媳妇是"破干儿"的能手，一条黄瓜瞬间就被破分为四条，而瓜把处却不割断，这是为了便于圭在架子上烤干。随着上下翻飞的小刀，嫩绿的黄瓜被分割得非常匀称，那特有的清香味

/ 干干儿 /

儿也阵阵袭来。

前期工作做完后，是最关键的黄瓜干烤制，也就是"上干儿"和"干干儿"。该老爷子上场了。郄师傅干起活来气定神闲，粗中有细。紧倚院子大门的烤房是个不足 10 平方米的小砖房，还未到门口，一股热浪就滚滚而来。小房子里除了一溜过道外，就是连成一片的 5 个大火口的烤炉台，火台上面是蛛网似的烤架，烤架用木椽和木杆搭成，分了好几层，每层上都密密匝匝地挂满了正在烤制的黄瓜干。在高温烘烤下，郄师傅汗水连连，而黄瓜的香气则更加浓郁。

先是要"上干儿"，烤炉添足煤炭，待火着旺后，把搭在架子上的黄瓜干一架一架地端着运送到烤房，并挂到架子上。"一天要干'一火'，不能耽搁。""一火"其实就是烤黄瓜干的一个流程，需要一昼夜。

而繁重"干干儿"是整个过程中最吃功夫的一环，全靠烤制人的经验与眼

/ 破干儿 / 挂干儿 /

/ 干干儿 / 烤制黄瓜干 /

／烤好的黄瓜干／

力来判断。新鲜进来的黄瓜条要架在第一、第二层烤架上，粗的瓜条挂在中间，细的挂在边上。烤房内温度要保持在 50℃左右，烤架各部分的温度不同，脱水的速度也不同，为了使之均匀一致，每隔 1 小时要倒一次架，互换内外架杆的位置。烤制过程中，炉火越旺越好，火旺脱水快，瓜条色泽才能鲜艳，达到长期存放而色味不变的效果。等到黄瓜条水分脱尽，萎缩成细条时，便成了黄瓜干，这时需将瓜干下架并密封于大缸内，"一火"才算完成了。经过复杂的烤制过程，成排成串的嫩黄瓜像是被时光揉皱了，华丽变身为黄瓜干。

烤制黄瓜干是河头村的传统产业，家家都做，做出的瓜干一直都很受欢迎。郄师傅 20 世纪 80 年代从偏远的黄统岭村搬来河头，开始跟着村里人学习这门手艺。

这是个辛苦的营生。每到黄瓜成熟季节，几万斤黄瓜必须要加班加点加工烤制，时间一点也不能耽搁。"不抓紧采摘，黄瓜就会老，摘下来不趁着新鲜烤干，就会烂掉。"忍着酷暑的高温，没日没夜的劳累，也曾让他想转行。而烤制过程中火候的掌握和调整"干干儿"的时间与节奏非常重要，稍一疏忽，不是烤出来太焦，就是没有干透不能保存，曾让他非常苦恼。

通过不断地琢磨，郄师傅逐渐掌握了其中的门道：黄瓜须挠出来就即时上架火烤，才能保持翠绿的色泽，湿的时候用大火脱水，等烤得差不多了，要放到离火远点的地方慢烤，否则就枯了。

正是这小小的黄瓜干，成为郄师傅家的主要收入来源。常年和黄瓜打交道，虽然其中的艰辛不为人道，但是郄师傅感觉一天不闻黄瓜味就好像缺了什么。一年当中，种黄瓜、烤瓜干成了他生活的一部分。

"必须保证黄瓜干的原味，一点也不能偷懒，人再累也要做！"郄师傅说，"现代方法烤出来的，味道不行！"为了保证黄瓜干色香味正，郄师傅一直坚持传统烤制方法，从垒火到搭架，全是手工操作。垒火就是个技术活，外观看到的只是个火口，其实里面有很多讲究。炉膛须呈喇叭形，下宽上窄，炉条至炉口深不能超过半米，灰坑挖在地面下。"烤干儿"所用的煤炭必须是当地的无烟煤，同时要掺和红土，打成煤糕后方可使用。每次瓜干上架前，要把炉火添足，等瓜干上到架上，就不能添火了，否则沾上煤灰会影响品质。而架杆必须是当年砍取的椿树枝。在春天树芽开始生长时，选择拇指粗细、笔直、长 1 米左右的树枝，自然阴干后使用。如果用旧架杆，不但粘瓜，而且会使黄瓜干带上杂味，影响品质。

近些年，越来越多的人喜欢原汁原味的绿色食品，黄瓜干的收购价一路走高。虽然辛苦，但郄师傅看着烤好的黄瓜干和络绎不绝的订单，心里很满足。

"龙筋"黄瓜干美名在外，加工黄瓜干的独特技艺祖祖辈辈延续了几百年，郄师傅咋也不愿意让这项手艺失传了，而二媳妇杨贵芳着意学习这独特技艺。不过，在坚持传统手艺之外，贵芳有自己的想法。她计划借助互联网，为古老的黄瓜干拓展出更大更新的空间，让传统民间制作工艺走向更广阔的天地。

一方水土养一方人，一处家乡有一番滋味。小小的黄瓜干延续着最原始的味道，也富藏着最丰富的梦想，传承着古老的技艺，更孕育着美好的未来。

　　在山西，人人能吃醋、顿顿不离醋，就连乡言俚语也是"醋意横生"。
当年阎锡山的晋军"交枪不交醋葫芦"传为一时笑谈。坚守传统做醋工艺
的蔡军老人，几十年如一日，亲手酿制着这"酸香十足"的特别滋味。

十足酸味

做醋人

蔡军

醋是山西第一调味品。山西人做醋的历史大约有 3000 年之久。北魏贾思勰在《齐民要术》中就是根据山西人的酿造过程总结了 22 种制醋法。山西人特别爱吃醋，有其特殊的地理和生活原因。山西煤炭丰富，空气中一氧化碳含量比较多，水土较硬，醋有解除煤气和软化的作用。再者山西人喜欢吃各种面食，醋有帮助消化的作用。古时管醋叫醯，"醯"和山西的"西"字同音，人们对山西人的戏称就由"老醯儿"就演变为"老西儿"了。过去，山西人"家家有醋缸，人人当醋匠"。

蔡军师傅的醋厂在平定东回的大山深处，是一排整洁的石头窑洞，大门上两个大大的醋字醒目耀眼。还未进作坊的大门，一股酸甜醇香的气味就迎面袭来。

"18 岁就开始做醋了，一辈子就和醋打交道了。"老蔡师傅年已 60 有余，和老伴朝夕吃住在醋厂里。也许是常年浸受醋的滋养，老两口脸色红润，身板硬朗，声音响亮，精气俱佳。

由于东回自古就有做醋的传统，20世纪70年代末，乡里把做醋的手艺人集中起来办起了一个叫"东回社会福利厂"的小型集体企业，专门做醋。蔡师傅就在那时候加入了做醋人的行列，在厂里跟着老师傅们熟悉了传统做醋的各个环节和特殊工艺。做醋的环节中，"制曲"是最难掌握的工艺，"发酵不好，所有的醋就都坏了。"当时，厂里请来北京的专家帮助改良工艺，蔡师傅就在一旁认真学习，把专家带来的教材亲手抄写下来，仔细琢磨，用心实践，他的做醋的手艺突飞猛进。

由于工作突出，年纪轻轻的蔡师傅成为醋厂的厂长。在这个行业里摸爬滚打，从制作到管理，从经营到销售，小厂让他搞得有声有色，做出来的醋在当地很受欢迎。到了20世纪80年代末，受市场经济的冲击，加上手工醋效率低、产量少，小厂的经营出现了困难，面临停产。蔡师傅舍不得让自己一手经营的醋厂倒闭，就拿出所有的积蓄租下场地与设备，自己经营。工人们走了，但他咬牙坚持了下来。

是上机械设备，还是坚持纯手工酿造？蔡师傅也曾犹豫纠结，因为"手工做的醋虽然口感好，但产量低，收入高不了。"最终，蔡师傅还是舍不得丢掉这门传统手艺，抱着再坚持一段试试看的心态继续经营。虽然所有的工序都需他自己一个人完成，但一闻到那熟悉的味道，他总觉得心里很坦然、很舒服。

粮食变成醋，真是个奇妙的过程。蔡师傅的蒸房里堆满了由高粱磨成的原料。"这些磨好的颗粒还得用水润料，泡涨、泡软后才能入甑蒸熟。"蔡师傅对这些看似繁琐的程序早已烂熟于心。"急不得，每一步都不能马虎，都必须给够时间才行！"

制醋工艺有两种，一种是固态发酵，一种是液态发酵。固态发酵虽然比起液态发酵来时间长，效率低，但生产出来的醋口感好，质量也好，蔡师傅一直坚持用固态发酵工艺。在发酵区，一口口大瓮摆了一地，酸味直往鼻子里钻。蔡师傅把墙角一排瓮的盖打开，挨个翻拌。

/ 制曲 /

/ 翻缸 /

/ 装醋 /

/ 倒缸 /

/ 品醋 /

"这些料是经过蒸汽加热后拌过大曲的料,正在进行发酵。发酵时要不断地翻动,保持空气和麸料的充分融和,才能保证醋品的质量。"蔡师傅拿起大铲子逐个在瓮中来回翻腾着说道。忙完这几个缸后他又跳到靠窗的一个大土炕上,炕上是一口口大锅。

"炕下面生着火加热,这是手工醋最精华的工艺——熏醋!也正因为这古熏蒸法,让咱山西的醋有了独特的味道。"蔡师傅在不同的缸里来回倒腾,不一会儿就汗流满面。倒缸是最累人的活。这样的倒缸要经过6次,一边到,一边发酵,缸里的料也从刚开始的黄色逐渐熏制成黑褐色,一次比一次颜色深。最后,才能进入"淋"的工艺,至此,新醋就酿出来了。

大醋缸中顺着石槽汩汩流下的黑褐色醋汁,特有的醋香、酯香、熏香、陈香相互衬托,味道浓郁、细腻,入口酸,入喉甜,酸醇香烈,余味无穷。

蔡师傅的醋自己制作自己卖。每逢农村庙会、乡镇集市,他就早早地开上自家的"蹦蹦车"(小三轮)出发了。"我家想腌咸菜,这回多打点醋!""过几天我去北京的姑娘家,要带几壶家乡的醋。"姑娘媳妇一看到他的身影就争相围拢过来,有的直接拿整壶,有的用瓶零打。"还是咱东回醋好吃,没有添加剂,吃着放心,口味也习惯。"虽然忙得团团转,但此时蔡师傅的脸上显现的是幸福的笑容。"有人也想来批发我的醋,但我不放心,怕他们拿回去兑水。"蔡师傅容不得醋的品质不佳,对不起乡亲们。

做了一辈子醋,虽然整日劳累辛苦,但蔡师傅觉得很快乐。蔡师傅说自己:"从来不生病,每天在醋坊里泡着,病菌早让醋杀死了。"现在,儿子也来醋坊帮忙了,不但学会了蔡师傅的做醋手艺,而且还为自家的手工醋定做了瓶、壶和商标。

蔡师傅愿意接受儿子对醋的包装的策划,但他要求儿子坚守纯粮食、纯天然、纯手工的做醋传统工艺。"坚持传统,不仅是对口味的执着,也代表着对自然加工方式的尊重。"

　　记忆里的榨油坊，是乡村的一道亮丽风景。刚到初冬，山西静乐县娘子神乡的黑汉沟村，古老榨油坊飘起浓郁的胡麻馨香，小村又开始喧闹起来，传承了三代的刘氏四兄弟的手工梁榨胡麻油又开始缓缓流出。

自然香味

梁榨胡麻油的

四兄弟

黑汉沟所在的山西静乐县地处广袤的丘陵坡地，气候寒冷，最适合胡麻生长。成熟后的胡麻颗粒饱满，红褐发亮，出油率高，浓郁的芳香滋润着这个山地小县。早在 1500 多年前，那些绽放蓝色小花的胡麻已经被当地能工巧匠压榨成油，榨出来的油色佳味醇，成为皇家贡品。原始的手工榨油工艺也一直流传至今。

走进村子，看到一排石砌的七眼窑洞，这就是老油坊。老油坊的主人是刘氏四兄弟。兄弟四人各有分工，年长的刘应田和刘志明负责炒籽和蒸料，年轻一些的刘应龙和刘志龙负责包料和梁榨。

窑里左右三间，左边一间看起来尘封已久，而右边一间还在运作着。最显眼的就是悬在上方的两根长达 10 米多粗硕的梁榨木。"这个油坊是我爷爷建造的，延续至今已有九十多年了。"刘应田师傅讲起自家的油坊来，"这两根梁榨木可都是上百年的老杨木。当年往回抬的时候，有一个人挑着担子专门负责发

/ 快乐的榨油人 /

烟，你想，抬梁木的人得有多少？当时是先架的梁，再修的窑。就现在这门窗，是放不进来这么大的木料的。"可以想见，刘氏油坊当年红火热闹的场景。

刘家四兄弟从十几岁起就开始跟着父辈学习榨油，虽然现在都已年过60，但是从他们在榨坊里劳作的身手看，一点也看不出些许的蹒跚和迟缓。近百年来，榨油坊虽曾生意红火，但随着时代变迁，如今早已没有当年景气，只是"倔强"的刘氏四兄弟依然坚守着古老的榨油手艺，不肯放弃。

老二刘志明最拿手的是榨油的第一道工序——炒籽。炒籽的锅和一般的锅不太一样，斜着安在灶台上，是为了方便散热和翻动。志明师傅根据炒籽的火候和时机，左手挥舞推板翻炒着锅里的菜籽，忽快忽慢，右手拿着笤帚不时地把溅出来的油籽扫回锅里。大约20多分钟后，他捏起一把菜籽，在灶台上捻开，观察下菜籽芯的颜色，感到满意，便开始起锅。

老大刘应田接过炒好的胡麻籽，将其碾磨成泥，然后上锅蒸料。蒸料的锅也是专用的。胡麻籽料需高温蒸半小时，让其充分吸收水汽，蒸熟蒸黏才算好。

/ 炒油籽 / 蒸料 / 出油了 / 扎油包 /

/ 古老的榨油坊 /

/ 打油 /

　　刘家兄弟介绍道："炒、蒸、榨，每一道工序都直接影响着胡麻油的品质和出油率。炒油籽不能焦也不能糊，上锅蒸煮的时间和温度也有讲究，只有每一道工序完美配合，才能保证胡麻油的最佳品质和最大出油率。而这些全凭经验，不经多年的揣摩可弄不下来。"

　　老三刘应龙和老四刘志龙负责的是最辛苦的梁榨环节，负责将出笼的油料打包梁榨出油。他们将一个竹笸圈放在榨梁下，在里面铺满纺织布，将饱浸水分的胡麻油料用铲子装满笸圈，压实包紧后扎成一个大油包。然后，他将笸圈拔起，用一根浸满油迹的胳膊粗的大绳在榨梁下绕三圈，盘成一个高约 30 厘米的大油饼。如此几番重复，6 个垒高约 1.2 米的大油饼就做起来了。摇动一边的辘轳，将大梁放下压在油饼上，再在另一边支柱的长方形木槽中打入数块木楔。在大梁的重力及木楔的挤压力作用下，清澈透明的褐色胡麻油缓缓流出，顺着地上的沟槽流入储油池中，扑鼻的香味瞬间弥漫整个油坊。这种古法梁榨工具看似笨拙却暗含着灵巧，浸润着榨油师傅千百年来的智慧和经验传承。

"要 6 小时以后，第一榨才能完。真要把油榨尽，要经过四蒸四榨才行。"忙活了大半天，众人终于稍微能歇一歇了。

"这批胡麻籽有 800 斤，应该能出油 200 多斤。前两榨每次出油七八十斤，后两榨每次只能出油三四十斤。"老大刘应田边和兄弟们边抽着烟，边闲聊着。

梁下有个储油池，上面有个盖子，还带着锁。这是祖辈传承下来的老规矩。老大刘应田是油池的掌管人，为了让客人放心，储油池在榨油前由客人亲自上锁拿走钥匙，榨完油后再由客人开锁取油，互无猜疑。老大说："现在生活条件好了，不再会有人打偷油的主意，但是我们还是始终保持这个传统，一是为了取得主顾的信任，更重要的是为了传承诚信经营的古老传统。"

"榨油可是一项苦差事。"近些年来，随着机器榨油设备的推广，传统手工榨油坊逐渐淡出市场，全县也就剩下寥寥几家了。刘应田师傅和兄弟们的油坊早已不如过去红火，只有年前的 1 个月才开榨。乡亲们把胡麻拿过来，他们也不收加工费，只是将榨油后剩下的油饼留下。以前油饼每斤能卖到 1 块 2，但现在只能卖到 6 毛左右，"我们不图赚钱，只是想为乡亲多榨一些纯净的油。"

刘氏油坊的胡麻油过去曾远近闻名。"我们这传统榨油法，设备都是木、石制的，加工过程中不会加高温，也不用添加剂，油的香味纯正、绵长、纯天然。"

眼看着老油坊越来越少，榨油技艺费时费力，没有人愿意来学，四兄弟也是有些惆怅。"只要在我们手里，我们就不让这油坊关门。"一间小小的榨油坊延续的不仅是世代相传的手艺，还有他们生存的经验，以及流淌在血脉里的勤劳、诚信和坚守。

肆

指尖上的寄托

　　每年元宵一入夜，太行山中的河北井陉南张井村上空就会出现火树银花、争奇斗艳的热闹景象，村人乡亲倾家出动，连外嫁的闺女都要叫回来，为的就是共赏这神奇的焰火，以至于流传下来一句歇后语："南张井叫闺女——看火！"

舞焰弄火

焰火手艺人

尹来庭

在中国，节庆燃放焰火是古老的民俗文化，井陉县南张井村至今保留着手工制作焰火的技艺。"老虎火"是南张井村民对"焰火"的俗称，就是用制作成老虎等各种形状及故事的道具燃放焰火。颇具太行特色的民间焰火让南张井村拥有了"焰火之乡"的美名。

制作老虎火，相传为村里先祖于清康熙初年在山西充哑三载偷师而得，距今已有 300 多年的历史。清朝后期至新中国成立前，南张井的焰火因制作巧妙、形式丰富，一直是县城元宵花会的压轴戏，被视为"官火"。2008 年 6 月，南张井老虎火还入选了国家级非物质文化遗产名录。

每年一到腊月，南张井村人就开始聚集在一起热火朝天地制作"老虎火"，大把式尹来庭理所当然地成为总指挥。如果说盛放的焰火是一桌欢乐盛宴，那焰火的制作人——年近 70 的尹来庭就是掌勺的主厨和大师！

当年村里做火的老手艺人有尹昌太、尹保槐、樊秀庭以及他的父亲尹仲，

／老虎火传人尹来庭／

父亲主攻配药的技术，掌握了全部火药的配方。十几岁时，老辈们在伙房做火，他的任务是往伙房送饭，也就是那时候他开始喜欢上做火了。最开始，尹师傅给大人们打下手，捣砂子、钉起火，慢慢地就开始学搓炮筒，做"射眼明"，逐渐地掌握了全套做火的技术。

"我们村的火，最精彩的是都有情节，都是用焰火来讲述一个故事。"尹师傅说起南张井的火，自豪之情溢于言表。他们设计的火不仅有"老虎火""伞火""猴捅马蜂窝"等富有趣味的造型，还有起源于《三国演义》中的"张飞蹬鼓""火烧战船""七星祭坛"等富有情节的故事。

老虎火里最精彩的是老杆火，也是老虎火的压轴好戏。老杆高四丈八尺，上面按顺序架设"葡萄火""十二连灯""老爷开门""八角青龙""仙鹤透蛋"等火架。老杆四周依着阵谱再布设战船火，通过21条火线与老杆相连，燃放时"来回码"按照预定的程序在火线上来回穿插，演绎"四门撺底""五马破曹""八阵图"战争场面，精彩纷呈，气势宏伟。

/ 配药 / 钉锅子火 /

/ 加工引线封口 / 接火 / 安装 /

/ 燃放老虎火 /

　　"当时做火大家都是自发的，焰火节目也都是老辈手艺人琢磨出来的，连原料也是自制的。"他们从岩洞里背回岩硝，用水溶开后过滤熬干就得到火硝，再砍了柳树烧成木炭，从家家户户凑上些钱，买回硫黄等配料，便开始配药做火。配药是最难弄的，决定着焰火的燃放效果，然而配药也最危险，稍有不慎就会导致严重后果。尹师傅伸出右手，四个指头都只剩下半截了。"这就是一次捣鼓旧炮弹时炸伤的。"

　　尹师傅发现火药里加上不同的东西就会发出各式各样的烟花，感觉很神奇，于是就开始喜欢上捣鼓配药了。老一辈能配的火药品种很少，只有30多种，而尹师傅现在能配出90多种。

　　每次制作老虎火，尹来庭都格外认真细心，特别是配药环节，更是事必躬亲。他打开墙角一个二尺见方的黝黑光亮的扁方盒子，里面满满当当地塞满了各种瓶瓶罐罐。尹师傅从中拿出一杆小秤和一个黑乎乎的小塑料本，一会儿从地上塑料桶里挖点这个，一会儿又在编织袋中挖点那个，然后翻开小本子看一眼，又从百宝箱中拿出一个小塑料瓶，倒出了点什么，每样材料仔细过秤称量，然后将这些东西搅和匀了，用擀面杖细细擀碎，放入一个个铁锅子里，用细红土封装定实。"老虎火配药的主要原料有石灰、雄黄、桃胶、樟脑、火硝、铁粉、硫黄、柳灰等，其中铁粉的粗细决定了喷出的烟花的大小和形状。"

尹师傅配完药后就过去指导村民安装固定锅子火。这时，4个威风凛凛的老虎全身都已描绘装饰完毕，只有背部还敞开着，老虎肚子里一块平置的木板上，用铁丝固定两排倒扣着大小不一的铁锅子。尹师傅说："我们村的火有两个好处，一是比较安全，即使用明火也点不着，只有用捻才能炽着；二是环保，放过火后光看见火，看不到烟。"

尹师傅的小本子密密麻麻地记满了各种符号和数字，如同天书一样，"现在年纪大了，大多数配方都记不住了，所以经常要翻本子。"虽然现在村里有不少老人还会做火，但是还没有能全套做下来的人，配药的方子也只有尹师傅还掌握着。他说："现在的年轻人都不愿意捣鼓这东西，做火挣不到什么钱，全凭喜欢才行。目前村里会做火的最小的也都50多岁了，最大的75岁了。"老虎火被评为国家级非物质遗产项目后，尹师傅们着实兴奋了一阵子，可是近几年公安局对火药管得很严，村里也左右为难，这次燃放老虎火，就是经过层层审批的。"假如我们这些老人不在了，不知道老虎火还能不能传承下去呢。"

元宵节的晚上，南张井村早已人山人海，蜿蜒曲折的青石古街上摩肩接踵，川流不息。一声炮响，10余个赤膊壮汉拉着老虎，举着伞火跳入火场。刹那间无数支焰火带着呼啸声蹿上天空，变换着色彩、姿态和声响，次第绽放夜空，时而如一株株盛开的"火树银花"，烟花四射，绚丽多姿；时而如沉寂千年的火山喷发，岩浆崩射，直冲云霄。火光映红了人们的笑脸，也燃烧着人们对丰年的祈盼。忙碌了一个月的尹来庭和做火的人们，心里很满足。

　　"五台山上拜佛，大同城里买铜，"说尽了大同与铜的渊源。大同铜器有着 2700 多年的历史，一代代铜匠凭借炉火纯青的铜艺，在岁月磨洗的敲打錾刻中，将大同的灵魂熔铸其中。

錾刻时光

铜器手艺人
——
王氏兄弟

　　大同铜器有着悠久的历史和极高的品位，早在唐宋时期，大同的铜器就已畅销全国。从明代起，大同的铜火锅更是声名远扬。1973 年，周恩来总理陪同法国总统蓬皮杜来大同时，曾将大同制雕有"九龙奋日"图案的铜火锅作为国礼赠送给蓬皮杜总统。20 世纪 90 年代后期开始，由于市场冲击，加上铜雕技艺难掌握，许多人不愿意从事这一行当，大同铜器日渐衰落，有着数千年历史的大同铜器手工艺也面临断代失传的危险。

　　王友文、王永文均是 20 世纪 60 年代生人，他们的家乡在恒岳脚下号称"铜器之乡"的浑源县，家里祖辈都以加工铜器为生。初中毕业后，两人就跟随父亲、姑夫学习铜器制作，掌握了铜瓢、铜壶等生活用品的制作技术。1987 年，大同市金属工艺厂招工，王友文入厂工作。"第一天到厂里，就被铜火锅上錾刻的花纹图案吸引住了。""平鱼火锅"上活灵活现的金鱼在河塘内跳跃，"梅花火锅"上数枝蜡梅傲雪开放……一个个栩栩如生的形象让他不敢相信这是用锤、錾雕

／铜器／

刻出来的。

　　刚开始，王友文被安排在铜器车间工作，每天做火锅的烟筒。他是个有心人，一到休息时间，就到工艺车间看老艺人们如何在铜器上雕刻花纹，把錾花用的各种錾子造型都记在心上，回了家让铁匠给他加工同样的錾子，晚上回到宿舍就自己练习錾花。在铜器车间的3年时间里，王友文学会了各种造型的铜火锅、铜香炉、铜壶、铜酒具的錾花工艺。

　　1990年，河南洛阳一家客户要求做一个高2米、直径1.5米的超大铜火锅，这样的产品，厂里从来没有做过。王友文自告奋勇参与了设计与加工，20天后，王友文和老师傅刘承业联手制作的紫铜大火锅完成，轰动一时。王友文在金属工艺厂名声大噪，并从铜器车间调到了工艺车间，专门做对外加工的活儿。他把弟弟王永文也介绍到厂里上班，兄弟俩逐渐掌握了大同铜器所有的手工技艺。

　　1996年，由于原材料价格的猛涨和工艺传承的断链，金属工艺厂被迫停产，

/ 打磨 / 塑形 /

/ 铜器手艺人 /

兄弟俩无奈干起了别的营生，可心里始终割舍不下对铜艺的热爱，不愿意让这一传统技艺荒废。于是，他俩租了间房，开了自己的铜器作坊，可是生意并不好。平日里，他们也就为一些饭店或找上门的顾客换个壶底、做个盖等修修补补的活儿，有时甚至一个月也揽不下一件活儿，日子过得紧巴巴的，经常连买材料的钱都没有。说起过去的艰难，兄弟俩也是感慨万千。最艰难的时候他们也曾想过放弃，可是一想到如果就此放弃，大同铜器手工艺的传统技术也许就会慢慢失传，便又咬咬牙坚持了下来。而且大同铜器制作的全套手工艺他们都会，学到这一步不容易，他们也不甘心。

王氏兄弟的铜器工作室在大同市郊的一处大杂院中，一间门窗简陋的房子里，一件件正在加工中的铜器让这里蓬荜生辉，铜火锅、铜香炉、文房四宝、生活用品……各种铜器应有尽有。精湛的雕刻、别致的造型，金光闪闪的铜器格外夺人眼球。哥哥王友文热情健谈、思维敏捷，此时正靠在窗前一张窄小的桌子前设计图样，桌子上满是他画的图纸；弟弟王永文话不多，正坐在一张小小的工作台前，精心地敲打着一件超大号的铜火锅。

这是一件直径1米的大火锅，锅身已经完成，王友文还在设计火锅的烟筒。大火锅不仅体量超常，而且图案设计精巧，通身上下密布着一只只活灵活现、神态各异的羊儿。根据王友文的设计，整个火锅要錾刻100只羊，锅身60只、锅盖39只，最后一只要站在烟筒上。"我设计的'百羊火锅'，初衷就是在人们享用火锅时，欣赏着火锅外面精美的百羊图，品尝着锅中美味羊肉，美食美器，相得益彰。"

王永文正在一丝不苟地錾刻锅盖。铜器制作工具品类繁多，各种型号的锤子錾子琳琅满目，在王永文的手里，件件使用得灵活自如。还有几件王氏祖传的塑形工具，看起来粗糙笨重的家伙，内里却是机关重重，设计得巧妙智慧。"大同铜火锅有名主要是在手工锻造技艺上"，永文师傅介绍说，火锅全用上乘黄铜制成，上锅下灶，中间通风，精致美观，方便实用。火锅内里涂锡，防锈消毒，

/ 大同九龙壁 /

又可保持食物原来的味道。一件铜器要经过熔铸、切割、焊接、弯曲、穿孔、锻打、錾刻、退火、磨砺等多道工序，才能制作完成。

"最要功力的就是錾花。錾花有浮雕和平雕两种……"永文师傅手中錾刻的羊锅盖用的就是浮雕手法。錾子和锤子在他的手下，像是有灵气的笔，随着敲击，一只昂首奋蹄的肥羊凸现于锅盖之上，根根羊毛纤毫毕现。"制作羊火锅，没有模具，没有先例，全靠自己的感觉。力度和手劲的大小，凭的是多年的经验，不容半点疏忽，一锤打下来可就再也回不去了啊！"

"我要让我的作品，件件都有精气神儿！"友文师傅说。作品和人一样，也是有生命的。他的宗旨是，他们兄弟手中出来的东西，要让人一看就觉得"展展挂挂"，不能"萎靡不振"。如同他们的人生，精神百倍，从不轻言放弃。

　　"九曲黄河十八弯，最美莫过河曲县。"每年二月二，河曲都会在一个叫碓臼也的小山村里隆重举行"灯盏盏"古会。"灯盏盏"古会的会长叫张兵，逢到这个节气，他都要组织全村人捏灯祈福，把美好心愿寄于那亲手制作的明灯中，以祈求一年的万事通顺。

明灯寄情

灯盏盏古会
会长张兵

　　"灯盏盏"古会在山西忻州河曲的许多村庄都曾盛行。二月二，"龙抬头"，一直是中国民间敬龙祈雨的传统节日。在河曲当地，还流传着这一天是土地公公的诞辰，要为他老人家祝贺生日。所以，每到这天，村人都要亲手用黍子面捏制一个灯盏盏，在夜晚时浇油点灯，全村男女老少在八音鼓乐的引领下围灯而转。这一习俗原始古朴，已流传千年。

　　张兵老人的家是一个原味古朴的农家小院，屋里陈设极其简单，大多面积被土炕占据，炕前是一个烧火取暖和做饭合二为一的土灶。他和老伴张大妈两口子正在忙着准备晚上要用的灯盏盏。

　　对灯盏盏的来龙去脉，张大爷是村里懂得最多的。制灯的数量是有规矩的，天一盏，地一盏，家里的人各一盏，家里的大牲畜也要有一盏。"过去社会不稳定，人们的生活都很难过。我们这里的人外出谋生的多，一个灯盏就代表一条生灵。点亮灯盏，就是点亮希望，盼望的是来年人丁兴旺、牲口健壮，祈愿

/ 灯盏盏古会 /

在外的亲人平安归来。"

　　张大爷虽已年过 60，但干起活来干净利落。他手中团和的黍子面就是做灯盏的主要原材料。之所以用这种面，要的就是这个黏劲儿，而且色泽金黄。和好的面呈窝窝头状，入锅上笼。不大一会儿，蒸好的黍子面出锅了。锅盖掀开，一朵朵面塑的"荷花"氤氲在腾腾的热气中，此刻的黏窝窝都在笼屉里趴着。张大爷双手沾凉水，迅速把面小心地捧出来，放在盆中。因为黍子面蒸熟之后黏性极强，如果用手直接去抓，非把手烫出水泡不可。有歇后语为证，"黏窝子掉在灰里面——吹不得打不得"，意思是就说黏窝子又黏又烫，粘上了可就下不来了。

　　凉一会儿，黏窝窝不太烫手了，张大爷又将其充分揉搓，用手拍拍面团，感觉弹性十足才满意。土炕上，张大妈已经摆好了捏灯盏的面板、箅子和一些小工具。"老伴捏灯盏可是有几十年了，她才是真正的巧手儿。"

　　老两口配合十分默契，张大爷负责揉面，张大妈负责造型。只见张大爷将黏面揪出来，捏成两头微粗中间偏细的圆柱状，然后交给张大妈。张大妈将面团用擀面杖擀成一个大的面片，然后用瓶子的盖子一按一转一拿，一片花瓣的

 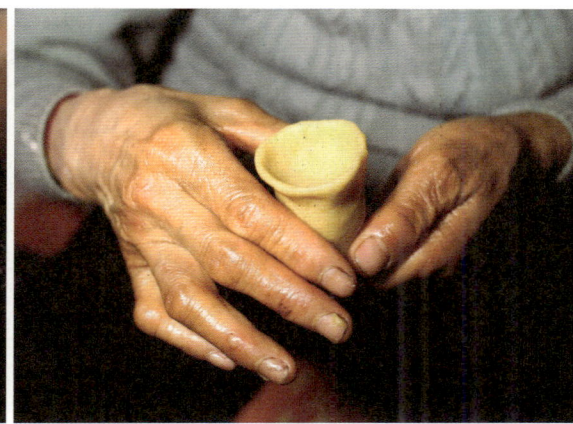

/ 揉面 / 捏灯盏 /

/ 灯盏盏 / 浇油 /

/ 马上有钱灯盏 / 转灯民俗 /

雏形就有了，然后稍微一捏，放在另一个作为底座的小面团上，将一个个的花瓣粘起来，一朵牡丹花就做成了。张大爷在顶端压下一个小坑槽，中间插上捻好的、牙签粗细的棉花线做灯芯，又倒上几滴香油，一只灯盏盏就做好了。他们用的工具都是剪子、锥子、梳子、刷子、瓶盖等取自生活中最常见的小物件，却借助灵巧的双手，塑造出各种造型。

不一会儿，各具特色、栩栩如生的灯盏盏就呈现在眼前，有威风凛凛的神龙、腾空飞跃的奔马、灵巧秀气的花朵、活泼可爱的羊羔……金黄的色泽，朴拙的造型，让人惊叹不已。

张大爷数了数捏好的灯盏盏，微微地皱了下眉，好像是忽然想起了什么似的对老伴说："小牛的灯盏盏怎么没有呢？"原来今年新添了一头小牛，张大妈给忽略了。只见她手脚麻利地一阵捣鼓，一头憨态可掬的小牛灯盏儿就捏好了。

夜幕降临了，张大爷先把自家的灯盏端出来，然后吆喝村里家家户户。不一会儿，村里的男女老少手持各人的灯盏盏，来到村中的小广场上，分案摆放，浇油点灯，盏盏油灯犹如繁星落地，点点闪烁。造型精雅别致的喜鹊登梅、喻义财源滚滚的马上有钱、象征年年有余的双鱼钓莲、寄予美好祝福的花开富贵……无一不精巧细致，堪称艺术品。

"要想知道谁家的媳妇手巧，你看灯盏就能知晓。"在张大爷的倡导下，村里连续几年举办灯盏盏评奖，这更激发了巧妇们的兴趣。"搞这个捏灯艺术大赛就是为了引导人们将灯盏盏古会传承下去。"捏灯比赛不仅使本村参与和学习捏灯的年轻人多了，而且经过新闻媒体的报道，在社会上产生了很大的影响，还有几家企业也来赞助。张大爷希望能借此，把先人留下的转灯会一年比一年办得有特色，把这乡土凝结成的文化传承下去。

灯光点点，摇曳生姿，每一张桌前都有人们纯朴的笑脸，每一只灯都映衬着人们真诚的眼神。全村男女老少随着八音鼓乐的古韵，围灯而转，将心中的美好愿望寄予明灯，燃上天际，祈愿大自然恩赐，祈愿通顺安康。

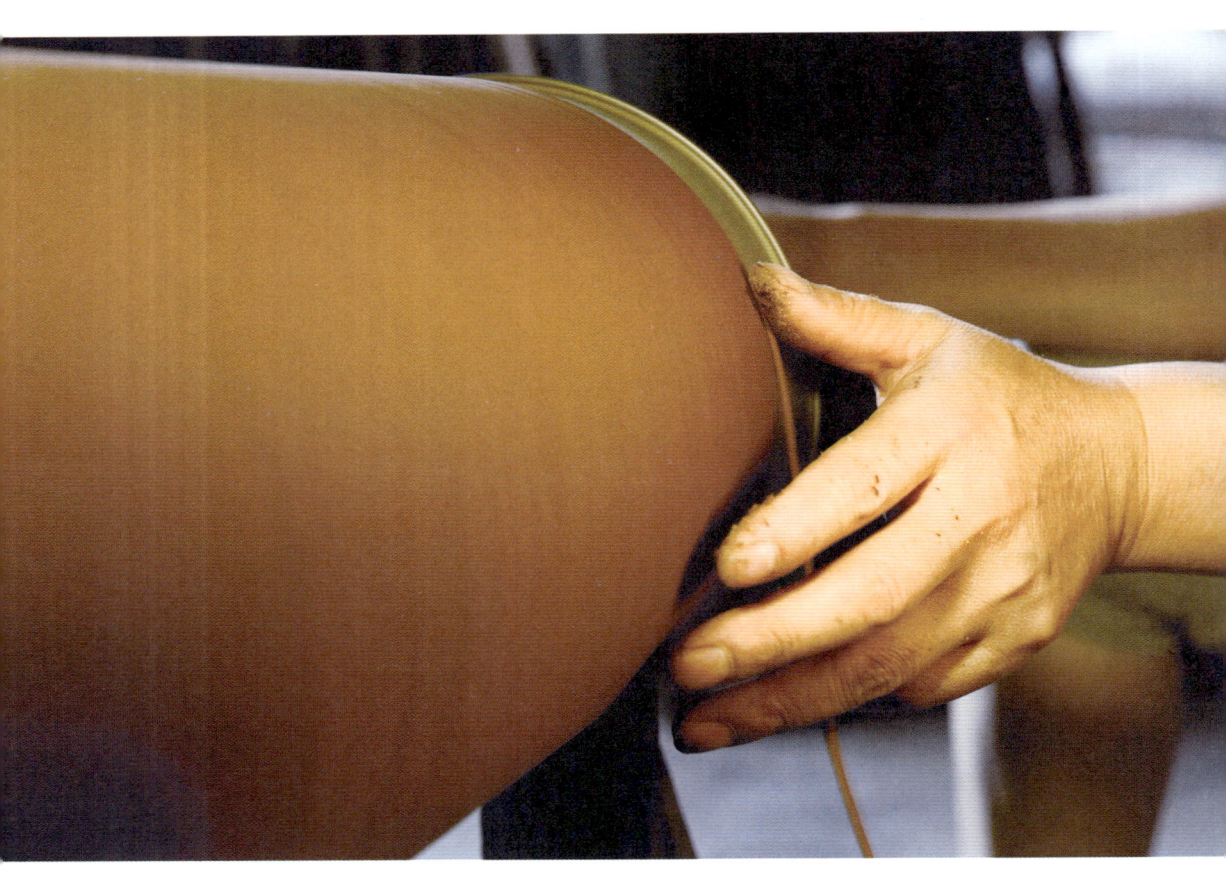

　　"万里长城第九关"娘子关下，是一座有着 800 多户人家的千年古村落。鲜为人知的是，这里还曾是历史上有名的手工香制作地，直到现在，古镇深处还有一处制香作坊，佛香袅袅，香飘太行。

佛香纯净

手工制香人

段玉萍

　　中国是世界上最早加工和使用香的国家，烧香的历史达 3000 年之久。地处晋冀咽喉的太行水乡古镇娘子关，有华北最大的熔岩群，水量充沛，丰富的地下水促进了水磨的使用。当地山上生长着一种叫野皂荚的植物，磨碎的粉末非常适合制香，优越的地理环境曾使这里的手工制香业从明清开始一度发达旺盛。近年里，上游拦河修坝，以及电动磨面机械的发展，使得许多水磨都难以运行，这一行业逐渐濒临绝迹。

　　古镇上唯一的制香人段玉萍是一位身形高挑、贤良温柔的农家媳妇，她的小院在古镇深处的下道街上，原汁原味的石砌房屋彰显着山村人家独有的质朴风韵。

　　一大早，晨光轻轻地透进来，给这静谧的小院披上了一层金色。玉萍欢实的身影在小院里转动，开始和制香的面，就像一朵流动的花，宁静的空间里瞬间多了几分生气。

面上看着文文静静的玉萍力气却不小，一手一个大桶拎起来就开始配料。香面的原料是榆面和木粉。先要将原料筛一筛，除去杂质，按二比一的比例配好，然后放进长方形的搅拌机中，加入适量的开水进行搅拌。面要尽量地和熟和黏，这样，做香时才能保证香不断条且有力度。

调和好香面后，开始进行制香的关键工序——挤条。在开始做香前，玉萍用水净手。她说香是佛前供奉之物，制作时也要心怀圣洁和虔诚，要洗去内心的杂念，一尘不染，心如明镜，只有这样才能保证佛香的质量。开动制香机，随着一根根香从出香孔中"涌"出，玉萍灵巧的双手轻柔地接下，像小心呵护自己的孩子一样，挤出的香条顺着她的指尖，均匀地一层层盘在转动的铁筒上。转动之间，玉萍盘条的速度和挤条保持着惊人的一致，像是程序设定好的一样。成型的香呈均匀的线条状，一条条香顺滑的程度无声地考验着制作者的毅力与耐性。

每天上午，玉萍给自己定的任务是做 20 斤面的香。看起来满满的两大桶的面，在她精巧的手中，慢慢地变成了香板上粗细匀称、光滑无痕的佛香。她在铺满香条的几十块香板上，快速地用刀划成 10 支一排，再根据各种香的不同长度，从中间断开，有节奏的动作充满了韵律，就像在淡黄色的佛香间舞蹈。

制香最为关键的步骤是晒香。盛夏的小院里，日头毒辣地暴晒着大地，玉萍和儿子大汗淋淋地将一块块晾香板摆满了这座石头小院。"晾晒过程相当重要，只能在天气晴朗、阳光充足时进行，千万不能选在阴雨天！如果遇上不好的天气，就需要停工。"所以，对于别人来说难挨的暴晒毒日头，却是玉萍的晒香好时机。晾晒时间也不能过长，只要七成干就行了。室外晒好的香还需要在屋子里经过两到三天的阴干。

最后一道程序是捆扎。玉萍按照香条的不同规格进行包装。一般是每捆 10 排，每排 10 支，用细绳扎好，一头包上红纸。这时候，吸取了太行山最纯净的阳光，蕴含着黄土高原最单纯的香氛的佛香就制成了。

／香面配料／挤条／

／盘条／晒香／

/ 捆香 /

　　看着湮没在一捆捆佛香中的玉萍，清瘦的脸庞、温顺的面容显出一种别样的美。说起这 20 年来执着地坚守着这古老的产业，玉萍也是感慨万千。虽然这行业比较辛苦，但她却难以割舍那份感情。

　　玉萍与老公的结缘也和制香有千丝万缕的联系。未出嫁时，玉萍曾在婆家制香作坊附近的水磨房中看过磨，勤劳吃苦的玉萍让老公对她一见钟情。嫁过来之后，玉萍和老公一起跟着公公学习制香。制香一路伴随着玉萍的幸福和向往。

　　然而，手工香的利润非常薄，一把香现在的售价是五毛五，一天能做 180 把，除去阴雨天，一年能做的时间满打满算也只有 8 个月，每月的平均收入只有千元上下。加上现在原料稀缺，价格上涨，他们还需要从远处进货。老公常年在外打工，孩子们也都在上学。每次来了原料，50 斤一包的木粉都是玉萍自己扛回来的。邻居的媳妇们来串门时，都打扮得光鲜亮丽，而玉萍却经常全身都是灰。到冬天时，冻得满手开裂也不能戴手套，因为戴着手套难以掌握挤条时的力度、光洁度和圆滑度，会影响香的品质。好多时候她都不想再制香了，但想到一旦停下来，客人流失后就很难再回来，玉萍还是倔强地坚持了下来。因为玉萍制香手艺好，而且包装精美，价格低廉，方圆百十里的客户都知道，上门购买者也很多。尤其是有庙会的时候，玉萍制作的香更是供不应求。说到这里，玉萍的脸上绽出了满意的笑容。

　　既然要坚持，玉萍也在想办法，希望在香的品种上进行创新。她一直在试制一种点着后能烧出字的"莲花香"，香上的字可为客户订制，如万事如意、心想事成等吉祥话。另外，依托娘子关旅游名村的优势，旅游旺季时，玉萍还会开设一个体验式的制香作坊，让游客在体验古老手艺的同时，感受古老香文化的魅力和内涵。

　　"我的力量虽小，但努力就行。坚持虽难，但也没有过不去的坎儿。"玉萍对制香的前景充满了憧憬。在她的心中，最大的愿望就是让这古老的行业能代代相传，香飘太行。

　　地处太行山里的阳泉地区保留着原始古老的祈雨、敬神传统，每到这个时候，乡民们都会举行隆重的摆贡仪式。贡品中最引人注目的是，一百多组贡花洋洋洒洒地铺陈在神像前，仿佛一个莺歌燕舞的太平世界。贡花制作人胡怀英，看着经自己双手制作的贡花，脸上露出会心的微笑。

流光溢彩

贡花制作人

胡怀英

　　贡花亦称面塑、面花，就是用白面捏制成各式造型。贡花作为风俗节令祭品，在阳泉颇为盛行。贡花兴于明代，盛于清代，已有几百年的历史了，一般以群塑形式出现，以传统戏剧造型为主，高低参差、疏密相间地插在以花馍、寿桃为造型的基座上，敬献给神灵、祖灵，以求保佑赐福。贡花的制作方式虽然简单，但却是一种艺术性很高的手艺。在我国，面塑艺术早在汉代就有文字记载，可谓源远流长，是研究历史、考古、民俗、雕塑、美学不可忽视的实物资料。

　　生于1968年的胡怀英是一位民间的贡花制作人，她干练精明，开朗健谈，还非常爱美。她的娘家在阳泉郊区的苏家泉村，村虽小，村里制作的贡花却在当地非常有名。怀英的妈妈、奶奶都是当年的贡花制作能手，也说不清传承了多少代。小时候奶奶告诉她，她们家的女人代代都会做贡花。那时候，村里年节的祭祀、族人的丧葬用的贡花都是她们家操办的，甚至周边村落的村民也会找上门来。

/ 贡花艺人胡怀英 /

　　胡怀英上中学后，社会上开始流行唱歌、跳舞、弹吉他，而怀英却是一有时间就捏小面人。碰上赶庙会唱戏，同伴们都去看歌舞表演，她却去看传统戏曲，为的就是揣摩戏曲里的人物服饰和造型，同学都笑话她是"小古董"。她说自己"看到什么东西以后，自己就想把它捏出来，脑子这样一过，灵感就来了。"胡怀英喜欢捏面花几乎到了着魔的程度。婚后，她的家安在了邻近的河底镇。这个历史悠久的明清古镇，文化气息非常深厚，经常有人慕名来找她做贡花，于是胡怀英几乎把所有的时间都花在做贡花上，这一做就是 20 多年。

　　离河底镇 20 多公里的西南舁每年农历二月十九要举行民间祭祀活动，光贡花就需要 120 组，全部是戏曲人物造型，几乎每年都是胡怀英操办。由于规模大、祭品多，她提前半个月就要开始制作。

　　这是一件很费工夫的事，从发面、和面到捏造型、蒸制，再到晾干、上色，

/ 雏形 /

/ 捏制 /

/ 祭祀 /

/ 组合 /

直到组装、摆设，全凭胡怀英一双手。而且，一个图案一个样子，不能重复。在众多工序中，造型是最吃功夫的，"戏曲人物最重要的就是神韵"。传统戏曲《杨家将》是百姓喜欢和耳熟能详的题材，每次贡花都少不了《杨家将》里的经典人物。这出戏中人物众多，有王侯将相，有公子佳人，有众位女将，有家丁丫头，要准确把握每个人的神韵，塑造出每个人的特点着实不易。有一次，村里庙会演杨家将全本，怀英天天准时去看，庙会过了，剧团去别的村演，怀英又跟着剧团连跑了好几个庙会，为的就是仔细观看剧中人物的动作表情。本来看戏的人就少，胡怀英这样跟着看，连剧团的人都觉得奇怪。在知道了她的用意后，演员们专门带她到后台仔细接触每一件行头、每一件道具。此后，怀英制作起杨家将造型来，得心应手。"想到、心到、眼到、手到，把杨家将忠勇报国的精神融合在对他们的装饰、造型制作上，最后蒸制上色，再细细打磨人物的头发、五官、四肢、服饰，做出来的杨家将才能精神抖擞。"

摆贡的前一天下午，胡怀英会带着她制作好的贡花前来现场组装。她先拿过一个直径近 20 厘米的大馒头，取过几支下方带有硬木条的红花和根叶，高低错落地插在馒头上。刚才还在箱子里沉睡的一个个古代人物，经怀英灵巧双手的指挥，不多大一会儿，一出出耳熟能详的传统剧目就活灵活现地出现了，有《杨家将》《西游记》《芦花》《春草闯堂》《秦香莲》等，每个人物美丽的衣服、灵活的手指、传神的表情……虽形态各异，却神形兼备。仅杨家将中的几个主要人物的胡须造型就各有不同，杨六郎是灰胡子、寇准是白胡子、焦赞是黑胡子、孟良是红胡子，表现手法各不相同，人物性格跃然而出。再看杨家将众位女将的造型，不仅服装图案色彩各不相同，定格亮相也精彩各异，佘老太君的威严、穆桂英的大气、八姐的执着、九妹的调皮、杨排风的倔强无不鲜明生动。每一出戏、每一个人物都是这样，性格特征呼之欲出。老子曰："神生形，形成神，形不得神，不能自生神，神不得形。"这即是对怀英贡花最好的说明。

"贡花讲究的是小巧玲珑，从细微处见功夫，必须以形传意、表情逼真，

/ 贡花作品 /

把感情放进去，要有'神'"。神从何来？怀英说，平时的细致观察也是必不可少的。日常看电视、看戏剧，甚至走在街上，她都会刻意去观察，思考他们的样子和特征、服饰和造型。再就是技法，制作过程其实是枯燥、乏味的，为了雕琢一个小动作，要花费很多工夫，但即使这样，也必须一丝不苟。"有时候费了半天时间，做出来达不到自己的想象，就要揉了重做，反反复复，直到自己满意为止。"

从最开始单纯的喜欢，到后来把贡花当成自己的事业，胡怀英觉得这门手艺没有止境。因为，"匠心是一种精神，也是一种信仰。对于手艺人来说，它更是一切创造力的本源！"

　　"二十八把面发，二十九面羊走，除夕晚上扭一扭，大年初一拱拱手。"地处太行山西麓、山西东大门的古州平定，至今仍保留着最具年味的"蒸面羊，送吉祥"风俗。迈进腊月的门槛，人们开始制作面羊，村里到处都飘着浓浓的面香。冠山脚下冶西村的霍承武师傅就是一位以做面羊闻名的手艺人。

如意吉祥

面羊制作人

霍承武

山西民间制作面羊，源自远古秋祭。七月粮谷新熟，人们要举行祭天告祖仪式。祭礼一般用色纯体全的牛羊，叫"牺牲"。古代祭祀为国家大事，后渐渐演化为民俗。山西民间崇尚古风，逢年过节，特别是春节和中元节（农历七月十五），百姓蒸面羊，既祭且食。至今，平定乡间还保存着这些原始的习俗。现在面羊不仅是祭祀用品，还成了亲朋好友互相拜年的吉祥之物。

霍承武师傅的家是一处新式的农家小院，门口影壁上贴着大红的福字，干净整洁的房屋院落显示着主人的精干与利落，静谧的农家气息扑面而来。霍师傅是一个精神矍铄、笑容祥和的农村老头。在人们的印象中，做面羊、剪纸、纳鞋垫都是妇女们的事儿，农村老头儿从事这个以精巧见长的行当还真是少见。

霍师傅今年已六十有八，蒸面羊50多年了。土生土长在冶西村的他，打小就十分喜欢民间艺术，10岁起就跟着母亲学习做面羊，14岁的时候已经有人来向他求取作品了。正是凭着这门小小的手艺，他应对着一次次生活的坎坷经

/ 平定面羊 /

历。成年后，他曾种过地，当过村里的电影放映员。20 世纪 90 年代，因修太旧高速公路，他仅有的 9 分地被征用了。即使生活艰辛，霍师傅也从未放弃过做面羊的手艺。"平定会做面羊的人很多，凭这手艺挣钱养家可以说我是咱平定第一家！"说到此，霍师傅脸上露出了自信的笑容。

霍师傅屋里，一块大案板已经摆好，桌角上摆着剪子、梳子、针锥、瓶盖等小工具，旁边的瓷盆里是发好的面团。他揪了一大块面开始揉搓，敏捷的双手翻飞在洁白的面团上，欢腾得像正在扑打嬉闹的小羊。面羊需用上好的精粉，俗称"二箩面"，发酵时用碱量、加面比例都要小心掌握，"和面要有耐心，糅和均匀，这样蒸出来的面羊才能润泽饱满，不开不裂。"

不一会儿，在霍师傅的手中，一大团面被揉得水滑精光。他将揉好的面团分成一大一小两块，先把大块的面揉成长条，再微微弯曲为月牙形，在两端将面团从中间剪开，捏成蹄状，这一看就是羊腿。三下五除二，羊身的雏形已现。

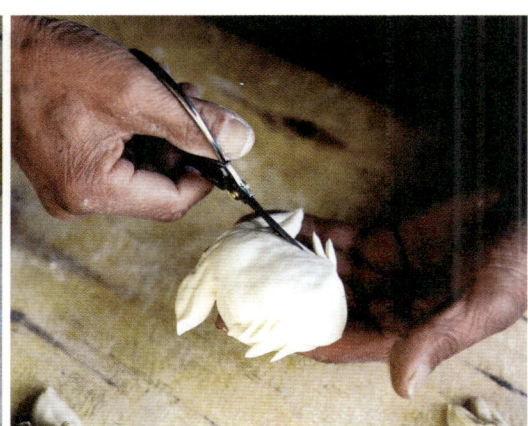

/ 揉面 / 做羊头 /

/ 捏羊点睛 / 面羊上色 /

最精彩的还是羊头的制作，霍师傅把那块小面团先揉成一个蛋圆形，然后一手捧着，一手拿起小剪刀，先在一头横剪，再在两侧竖剪，瞬间，羊嘴、羊耳朵就活灵活现了；接着又把面搓成条安成眉毛，拿上锥子压成胡须，装上杏仁点上眼睛。转眼工夫，一个造型朴拙、形态可爱的"面羊"就制作完成了。

正在忙碌间，一位本村的大婶拉着两个外孙女推门进来，这就是定做这批面羊的主家。她是要在羊年做几条面羊送给自己的外孙。两个小朋友一看这面羊就十分喜爱，嚷着要喜羊羊和美羊羊。霍师傅一听笑着说："这好办，爷爷这就给你们做！"

霍师傅翻了翻孩子的图画书，不大一会儿，手下就捏出了憨态可掬的喜羊羊和模样娇美的美羊羊。喜羊羊用的是黑豆眼，美羊羊用的是红豆眼，就连小羊的卷毛、配饰也惟妙惟肖，与卡通形象别无二致。

霍师傅说，羊的造型不一样，做法也不一样。过去的面羊是老辈人传下来的样式，而现在的卡通形象很新颖，但羊身的做法就复杂多了，花纹、配件需要借助各种工具，纯粹是用手捏出来的，拿剪子剪出来的。工序虽然比较复杂，但做出来的东西有层次感、有变化，很好看。霍师傅笑着说："用时髦的话这也叫创作，创作就得琢磨。想做得好，就要多看多想，平时的细致观察也是必不可少的，特别是羊的各种动作，各种姿态都要刻意留心，电视剧、动画片里的漫画形象也得学习。这样，做的时候才能用上。"

不大一会儿工夫，一个个面团在霍师傅的手中变成了各具特色的面羊，接下来的工序那就该上旺火蒸了。霍师傅至今使用的都是农村的炭火和大铁锅。"火候很重要，锅不一样，蒸出来的效果也不一样。铁锅厚，火就大点；铝锅薄，火得小点。掌握不好，要不就开了花，要不就黄了，要不就要起小气泡。这都得琢磨。"

差不多 20 多分钟的样子，面羊蒸好了，揭开锅盖，大小不一、造型夸张、简练质朴的面羊便出笼了。最大的一只面羊，个头大，样子憨。一个个憨态可

/ 吃面羊 /

掬的面羊既不拘于原形的态势，又夸张得符合规律，在似与不似之间，形象传神，美感油然而生。

蒸熟后稍冷却，随即开始着色。霍师傅说，面羊太热，色剂容易挥发，太凉则容易流色。色剂以食用色素为主，经水、白糖水或白酒溶化后使用。颜色调好后，用鸡毛或小楷笔蘸蛋清或香油为面羊点眉画眼。经过这道工序，面羊变得艳丽夺目，既是精湛的艺术品，又是精美的食品。

霍师傅多年制作面塑、面羊。周围村子的人家大都在霍师傅家定做面羊，逢年过节时，霍师傅就显得分外忙碌。看着亲手做好的一只只造型朴拙的面羊，霍师傅脸上露出了满足的笑容。在霍师傅的心中，面羊不仅是一道地道纯粹的美食，一种难以忘怀的记忆，更是传承着人们对生活美好祝福的寄托！

　　在老北京习俗里，过中秋除了吃月饼，还有一件同等重要的事情，那就是拜兔儿爷。在今天的北京城前门大栅栏的附近，一个叫杨梅竹斜街的地方，一间隐藏在胡同深处的"老北京兔儿爷"店还保留着过去的味道。小店的主人便是"兔儿爷张"的第五代传人张忠强。

京味文化

兔儿爷制作人

张忠强

兔儿爷，正式名称叫"北京泥彩塑"，2017 年已正式成为国家级非物质文化遗产项目。实际上，几百年来，兔儿爷在北京一直是一种特殊的爱物，它不仅是孩子们最喜欢的玩具，也是一位受人膜拜的神灵。

相传，古时的老北京城曾经发生过一场瘟疫，京城的老百姓死难无数。嫦娥在月宫里看到此情景，就派月宫中捣药的玉兔下界去为百姓们治病。北京城的老百姓感激玉兔的恩德，就请能工巧匠用泥塑彩绘做成玉兔的样子供奉在堂前，尊称为"兔儿爷"，逢年过节，特别是中秋佳节，都要供奉祭拜。慢慢地，兔儿爷在老百姓心里演变成保佑全家平安吉祥的守护之神。

过去的老北京城有很多制作"兔儿爷"的手工作坊，制作出形态各异的兔儿爷常年供人们选购。特别是每年的八月十五前的十天半个月，在隆福寺、白云观、厂甸、东安市场一带的地摊上，"兔儿爷山"一层一层，由小至大，甚是壮观。上至达官贵人，下至平民百姓，每家都要请一尊兔儿爷回家。民间如此，

/ 兔儿爷制作人张忠强 /

宫廷亦然。至今，故宫博物院还珍藏着 5 尊宫廷兔儿爷，可见兔儿爷在人们心中的地位之高。今天，兔儿爷作为一项宝贵的非物质文化遗产，已经成为北京的形象大使、北京的吉祥物，同时也成为最具代表性的北京对外交流文化礼品。

杨梅竹斜街虽然就在前门附近，但是跟热闹喧哗的前门相比，宛若两个世界。它安静文雅，透着一股浓浓的文人气韵。清末民初，这条街曾是著名书局的汇聚地，如今经过改造，既有原住民，又有售卖各色京味文化物品的精致店铺。

"老北京兔儿爷"这个门脸儿很小的店铺就夹杂在其间。一家三口来到张忠强兔儿爷店，小孩儿 10 岁上下，拿起一尊兔儿爷，爱不释手。这款兔儿爷很像戏台上的武将，穿着甲胄，披着战袍，十分威风。兔儿爷的脸刷着白粉，眉毛往上挑，眼睛瞪得很圆，嘴是人字形，有胡须。它的头上戴着大将的盔、威武

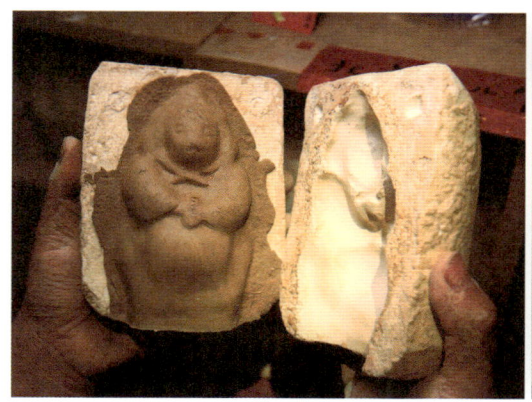

／起模／修模／钻眼／

／上色／描绘／插背旗

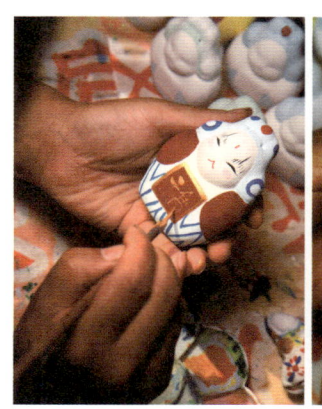

神气的雄鸡翎，但却支棱着长长的一对兔子耳朵。这对耳朵给大将打扮的兔儿爷增添了许多活泼、滑稽的色彩。

"我喜欢这个兔爷。"小孩清脆的声音响起。

"是兔儿爷，只有加上儿化，才是正确的叫法。"

张忠强老师边包装，边耐心地给孩子纠正着特有的北京"儿化"发音。还真别说，"兔儿爷"的称呼瞬间让人感觉到满满的老北京味扑面而来。

"兔儿爷的制作，心里要有形，手里还得有艺。三分坯，七分绘。"张忠强这样总结兔儿爷制作的要点。"兔儿爷是用模子翻塑的，溜好泥后，就可以放入两面模里了；待模具里大致成型后，还需要用水修坯，刮去毛刺和多余的泥；最后还要扎耳朵眼儿、背旗眼儿，坯就初步成型了。成型的坯还得阴干五六天，才能进行彩绘。"

说起与兔儿爷结缘，勾起了张忠强的儿时记忆。张忠强的爷爷、父亲都是泥塑手艺人。高中毕业后，他到琉璃工艺厂当了工人。刚入行做的是毛笔，但受家人影响，他还是喜欢做小泥人儿，画脸谱，捏小玩意儿，也算是传承家业。20 个世纪 90 年代，张老师在琉璃厂开了一家老北京兔儿爷店，专门经营销售北京小玩意儿。因缘际会，他拜了双彦为师。双彦的父亲就是恢复老北京传统兔儿爷手艺的双起翔。"这一行就是这样，你得做到一定成绩，才能拜师。"拜了师，才算是正式入了这一门。

在老辈人的思想中，一直认为传统的兔儿爷形象是不能随意改变的，不然就失去了兔儿爷的本质。眼看着兔儿爷的境遇一天不如一天，张忠强觉得再不改变不行了。因为过去的兔儿爷属于神龛神像，但今天的兔儿爷是一种居家摆设、吉祥玩具，于是在保持兔儿爷经典造型不变的基础上，张忠强添加了一些现代元素。"得关注现在人们的审美需求。但不管怎么变，一定要尊重历史，尊重习俗。"

比如，改变了原来神像兔儿爷的严肃表情，开始有了越来越多的笑脸兔儿爷。"表情看着喜庆，大家更愿意买。"造型上，除传统的骑虎兔儿爷外，有了更为丰富的十二生肖兔儿爷。从材质上看，软陶捏成的兔儿爷、绢人兔儿爷不断翻新花样。

"大变身"后的兔儿爷既有传统韵味，又有现代气息，不再仅仅停留在老北京人的记忆里，而逐渐成为越来越多人的"伴手礼"。各种交流活动、非遗展示活动等经常邀请张忠强去展示，就连故宫博物院、APEC会议也专门定制了特别设计的兔儿爷。

张忠强说："我是北京传统泥彩塑的代表性传承人，最想做的事情就是把古老的制作方法、制作技艺传承下去，又要符合我们今天的文化发展。"他平时经常到书店、学校去讲兔儿爷，教大家做兔儿爷。他不但在中小学干课，还去过清华大学做讲座。此外，他还向20余名贫困地区母亲、残疾人等免费教授兔儿爷的制作方法，赠送毛坯，希望他们掌握一门居家就业的本领。张忠强希望，大雅大俗集于一身的兔儿爷能在现代社会得到更多人的喜欢。

"小时候我有一个心愿，想要拥有一尊兔儿爷，我实现了。现在我最大的心愿就是希望拥有一家北京兔儿爷博物馆，能够展示兔儿爷的文化、历史渊源，把各种各样不同风格的兔儿爷集中起来，让更多的人知道、喜欢这几百年留下来的玩意儿。"

　　惟妙惟肖的老叟孩童、活灵活现的飞禽走兽、传神传情的乡间记忆、仙风道骨的神仙菩萨，这些黄泥巴抟练而成的艺术作品，精妙绝伦，神韵兼备。它们是时光的载体，是岁月的传承。

黄土百态

—— 泥塑艺人 史林珠

在山西，悠久文化的根须一直深深扎在这片古老的土地上，古寺庙古建筑随处可见，承载着厚重的传统文化，也因此有了一代代以修庙为生的太行人。许多地方的庙宇从设计、建筑、塑像以及彩绘、壁画，都是出自这些民间艺人之手。

庙宇泥塑源自农耕社会生活，包罗极广，上自始祖轩辕，下沿孔圣儒家、佛道教祖、历史演义人物、工匠祖师等。史林珠的祖辈、父辈就是这样的"塑庙人"。

大山深处的平定县小村西古贝的一座古庙，史林珠正在修复一座建于明代的寺庙里的泥塑像。他说："这一次，光庙里装的像就有 17 尊，全部都是手工完成，前后需要 4 个多月才能完工，现在才只是完成了一半工期。"史林珠把塑泥像叫"装像"。塑一尊泥塑的工艺复杂，包括立骨架（立木桩）、填肌肉（捆稻草）、裹皮肤（上粗泥、裹细泥）、穿衣裳（彩绘），最后还要装身开光，这样塑成的神像就有灵气。

/ 泥塑艺人史林珠 /

立骨架就是用木料板条制作体态骨架，虽然是第一步，却非常关键。骨架的比例不对，头身的大小不协调，待成像了，也就改不了了。"立七坐五盘三半"，这是史林珠多年总结出的经验。也就是说，"泥像的比例，立像要七头身，坐像要五头身，而盘腿像就是三头半身。"

史师傅说，庙宇神像的塑像要参考西方的九头身塑像比例，但也要根据实际情况进行本土化。因为在神像前，人要仰头向上看，如果头部比例太小，就看不到神像的表情，所以要突出神像的头部。

至于泥像的造型，也有很多讲究，比如太行山一带十分推崇关公，尤其喜

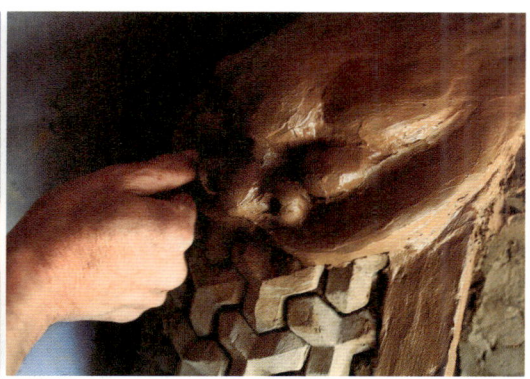

/拼接/塑形/

/塑五官/彩绘/

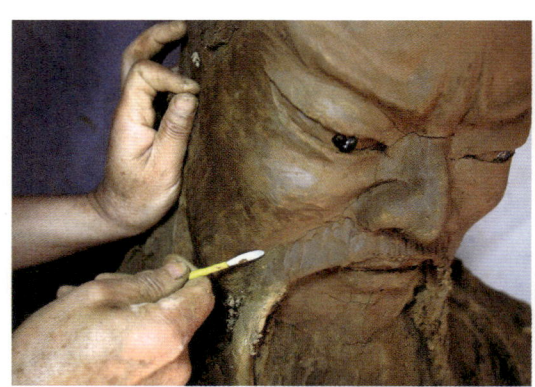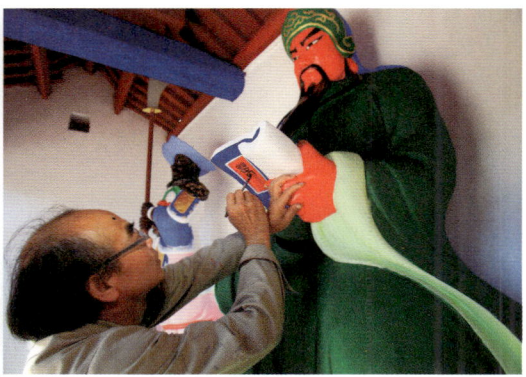

／庙里塑像／

欢关公"夜读春秋"的造型，一方面这表现了关公文武兼备、胸有韬略，另一方面关公在民间被尊为财神，站像、走像喻义把财带走，而坐像预示着把财留住。

扎好骨架，下一步是"填肌肉"，泥像的轮廓造型需要用捆扎的稻草来完成。偏殿里正待捆稻草的观音的支架看起来像一个巨大的十字架，被牢牢地固定在神台上，左右两边各有一男一女两个小童的支架，造型也很别致。不大工夫，史师傅就扎了两个有模有样的小童。

泥像雏形完成后，便是上泥了。先用剁碎的稻草与黄土和成稠泥，涂抹出凹凸部位，这叫上粗泥。等稍干后，需要再上细泥雕琢细节。细泥比较讲究，用六成红土、四成黄土和拌，然后把新棉花撕成薄片，散在泥里，使棉絮和泥均匀充分地混合，这样合成的泥就有了筋道，增加了泥的韧劲，晾干后，塑成的像就不会开裂和变形。史师傅反复团揉和好的细泥，逐层涂于模体上，形成主体轮廓，再用泥塑工具细心琢出外表及服饰褶纹、五官层次。塑体完成后，还得关闭门窗散湿缓干，等到全部干透后就可以进行彩绘，最后选择吉日进行开光，才算大功告成。

性格稳重平和，做活仔细利落，这是史林珠留给人的第一印象。生于1965年的史林珠是平定县张庄镇史家山村人，他的这手泥塑绝活是祖传技艺。他的爷爷叫史岑楼，其泥塑手艺在清末民初的平定小有名气。小时候家里穷，也没有玩具，爷爷就在地下给他堆了一个泥老虎、一个泥狮子让他玩。老家门口有一面红土坡，一下雨，别人犯愁，他却高兴，趁湿就挖上一堆泥回来堆在地上，不是捏个人就是捏个狗。

高中毕业后，史林珠当过电影放映员、代课教师，给村里做过彩灯彩车，但他最感兴趣的还是家传手艺——泥塑。捏泥塑工序繁琐，在别人眼里又脏又累，但史林珠却乐在其中。"总觉得离不开泥塑，在我的生活当中，没有别的都可以，唯独离了我这泥塑不行。"

在平定县城不足百平米的房间里，摆满了他近年创作的各式各样的泥塑作品。有以他年轻时的工作经历为背景的《人民公社八大员》，有红色经典记忆形象的《样板戏的戏剧人物》，有儿时印象的生活场景《对火》《比高高》《好日子》，还有时代气息浓烈的《网红》《直播》等。每一件泥塑作品，人物造型丰满生动、主题表现浑厚简练，富有浓浓的乡土气息。他用泥塑作品记录童年的所见所闻，歌颂纯朴乐观的父老乡亲。

在史林珠的心里，艺术没有止境，他在传承古老的寺庙泥塑技艺的同时，更想把技艺与新时代新生活融在一起，这更成为他创作的动力源泉。一捧黄土释百态，史林珠的泥塑里蕴含着他对这片土地的深情眷恋，不仅有生活的酸甜苦辣，还有时代的美好记忆，更有对未来的憧憬向往。

图书在版编目（CIP）数据

　　中国手艺人 / 白英著 . -- 2 版 . -- 北京：五洲传
播出版社 , 2020.1
　　ISBN 978-7-5085-4332-1

　　Ⅰ . ①中… Ⅱ . ①白… Ⅲ . ①手工业者—访问记—中
国—现代 Ⅳ . ① K828.1

　　中国版本图书馆 CIP 数据核字 (2019) 第 283839 号

中国手艺人（第二版）

作　　者	白　英
出 版 人	荆孝敏
责任编辑	梁　媛
装帧设计	北京红方众　朱丽娜　张芳芳
出版发行	五洲传播出版社
地　　址	北京市海淀区北三环中路 31 号生产力大楼 B 座 6 层
邮　　编	100088
发行电话	010-82005927，010-82007837
网　　址	http://www.cicc.org.cn，http://www.thatsbooks.com
印　　刷	天津图文方嘉印刷有限公司
版　　次	2020 年 1 月第 2 版第 1 次印刷
开　　本	787mm×1092mm　1/16
印　　张	15.5
字　　数	210 千
定　　价	58.00 元